Educação linguística — 14

Orlene Lúcia S. Carvalho
Marcos Bagno

Gramática
para aprendizes de
PORTUGUÊS BRASILEIRO

parábola

Direção: ANDRÉIA CUSTÓDIO
Diagramação e capa: TELMA CUSTÓDIO
Revisão: THIAGO ZILIO PASSERINI

CIP-BRASIL. CATALOGAÇÃO NA FONTE
SINDICATO NACIONAL DOS EDITORES DE LIVROS, RJ

C326g

Carvalho, Orlene Lúcia S.
Gramática para aprendizes de português brasileiro / Orlene Lúcia S. Carvalho, Marcos Bagno. - 1. ed. - São Paulo : Parábola, 2023.
272 p. ; 24 cm. (Educação linguística ; 14)

Inclui bibliografiaa
ISBN 978-85-7934-287-5

1. Língua portuguesa - Gramática. 2. Língua portuguesa - Compêndios para estrangeiros. I. Bagno, Marcos, 1961-. II. Título. III. Série.

22-81573 CDD: 469.824
CDU: 811.134.3'36

Meri Gleice Rodrigues de Souza - Bibliotecária - CRB-7/6439

Direitos reservados à
PARÁBOLA EDITORIAL
Rua Dr. Mário Vicente, 394 - Ipiranga
04270-000 São Paulo, SP
pabx: [11] 5061-9262 | 5061-8075 | fax: [11] 2589-9263
home page: www.parabolaeditorial.com.br
e-mail: parabola@parabolaeditorial.com.br

ISBN: 978-85-7934-287-5 (papel)
978-85-7934-286-8 (e-book)

1ª edição, 1ª reimpressão: agosto de 2024

Dedico esta gramática àqueles que se dispõem a aprender novas línguas e culturas, em especial a minha filha, Isabel Carvalho Rochus.

Orlene

Dedico esta gramática a minha mãe Ilma Araújo Bagno (1939-2022).

Marcos

Sumário

Primeiras palavras

Esta *Gramática para aprendizes de português brasileiro*, como deixa claro o título, é uma gramática para *pessoas que não têm o português brasileiro* (PB) *como língua materna* e estão aprendendo ou gostariam de aprender o PB, seja como língua estrangeira, segunda língua, língua de acolhimento etc. Temos, assim, um público-alvo bastante amplo:

— **os estrangeiros** residentes nos mais diferentes países ou que estão temporariamente no Brasil;

— **os imigrantes** que para cá vieram pelos mais variados motivos, mas sobretudo em busca de condições mais dignas de vida;

— **as etnias indígenas**, às vezes tão distantes geograficamente dos grandes centros, mas nem por isso menos importantes, pois compõem igualmente a cultura e o povo brasileiros;

— **os surdos**, presentes no cotidiano de nossa sociedade.

Ainda que os contextos sociais de aprendizagem sejam bastante diversos, os aprendizes que já têm algum domínio da língua podem consultar a gramática quando quiserem, em seu percurso de estudo. No caso de pessoas com menor conhecimento da língua ou situações de aprendizagem específicas, esta gramática poderá servir de apoio, desde que oferecidas as devidas adaptações e os suportes necessários, como explicações em Libras para os surdos e, em alguns casos, a parceria com uma professora ou um professor. Em consideração aos aprendizes que estejam em ambiente escolar, nos pareceu importante apresentar em nota de rodapé o termo mais habitualmente empregado no ensino de língua no Brasil: "Nas gramáticas brasileiras, o condicional é chamado de *futuro do pretérito*", por exemplo. A escolha do termo *condicional*, no caso, se deve ao fato de ser mais transparente, além de ser frequente em outras línguas.

Em relação às competências comunicativas linguísticas, tal como elas aparecem no Quadro Comum Europeu de Referência para Línguas, os temas gramaticais abrangem desde as competências contempladas no nível A1 — que requerem o emprego dos verbos *ser* e *estar* para expressar a identidade e falar sobre a existência e o estado de pessoas e coisas, ou o presente de verbos regulares e irregulares para tratar das atividades do cotidiano — até o C2, nível em que se lê e produz textos mais complexos com conexões subordinadas, tempos do modo subjuntivo etc. Antes da abordagem gramatical propriamente dita, a obra conta com um capítulo de pronúncia e ortografia, em que apresentamos "uma síntese dos traços mais gerais do português brasileiro urbano contemporâneo".

Como o foco da gramática são os usos autênticos, todos os capítulos estão devidamente ilustrados com exemplos. A variação linguística, inerente à competência comunicativa, está presente tanto nos exemplos de fala (indicados com um travessão) e de escrita, quanto nas explicações sobre o emprego de pronomes, tempos verbais, preposições etc. Por se tratar de uma gramática toda escrita em português brasileiro — a língua a ser aprendida —, em vários momentos indicamos o significado das palavras entre aspas simples: *cela* ('quarto pequeno em uma prisão ou em um convento'). Sem dúvida, o aprendiz pode e deve fazer uso de dicionários, monolíngues e bilíngues.

O uso de *português brasileiro* no título explicita nosso reconhecimento de que o rótulo genérico de "português" não pode mais ser empregado indiferentemente no ensino contemporâneo. Já tínhamos tomado essa posição em nossa *Gramática brasileña para hablantes de español* (2015) e a reforçamos aqui. Os mais de quinhentos anos de história da língua falada pela quase totalidade da população brasileira justificam considerar essa língua como dotada de especificidades fonéticas e gramaticais suficientes para que receba um tratamento linguístico particular. Qualquer comparação, ainda que superficial, dos sistemas fonológicos e morfossintáticos do português europeu e do português brasileiro revela uma série de divergências que, com o tempo (e como é natural na história das línguas), só tendem a se acentuar. Existem aspectos fonéticos do português europeu completamente desconhecidos no português brasileiro e que chegam mesmo a dificultar a compreensão integral, por parte das brasileiras e dos brasileiros, de muito do que se diz em português europeu, especialmente na língua falada cotidiana, que é a modalidade de uso mais frequente e natural. Quanto à gramática propriamente dita, basta citar a ampla reorganização do sistema pronominal ocorrida entre nós, com destaque para a virtual inexistência, na língua materna de praticamente toda a nossa população, de pronomes objeto direto de 3ª pessoa, um fenômeno que diferencia o português brasileiro não só do português europeu como também das demais línguas do grupo românico. Os pronomes pessoais são as ferramentas linguísticas básicas da interação, da interlocução, e alguém que aprende uma segunda língua precisa conhecer muito bem essas ferramentas, dotadas de funções pragmáticas essenciais para a comunicação.

Esta gramática se apoia nos volumosos resultados da extensa pesquisa linguística empreendida no Brasil nos últimos cinquenta anos e que nos permite traçar um retrato bastante confiável do que é de fato a língua falada por mais de duzentos milhões de pessoas no quinto maior país do mundo. Por ser uma obra eminentemente didática, ela não se detém em explicações teóricas, usa a terminologia somente na medida em que ela contribui para o bom entendimento do fato gramatical abordado e vem escrita numa linguagem que esperamos a mais direta e clara possível.

Desejamos, com esta obra, contribuir com tantas e tantos colegas que, no Brasil e no exterior, se empenham em tornar cada vez mais conhecida nossa língua e nossa cultura.

Orlene L. Saboia Carvalho
Marcos Bagno
Universidade de Brasília, março de 2023

CAPÍTULO 1
Pronúncia e ortografia

A pronúncia descrita aqui corresponde à norma empregada nos principais meios de comunicação (televisão, rádio), uma síntese dos traços mais gerais do português brasileiro urbano contemporâneo[1].

1.1 Alfabeto

- Os nomes das letras são do gênero **masculino**:
  - Em português, o H do início das palavras nunca é pronunciado.

[1] O português brasileiro, como qualquer língua falada num grande território, apresenta uma ampla variação de pronúncias. Aqui optamos por um padrão de pronúncia habitualmente empregado pelos profissionais da televisão e do rádio, sobretudo em estilos formais (telejornais, por exemplo). Esse padrão é uma síntese de falares mais associados à região Sudeste (onde ficam São Paulo, Rio de Janeiro e Belo Horizonte), sem as marcas mais características de cada lugar. Isso não significa, evidentemente, que a pessoa que ensina não possa também apresentar a seus aprendizes outras pronúncias possíveis, sobretudo se for a de sua própria região.

▸ As letras podem ser **maiúsculas** — *A, B, C, D, E* etc. — ou **minúsculas** — *a, b, c, d, e* etc.

ALFABETO[2]					
LETRA	NOME	LETRA	NOME	LETRA	NOME
A a	a [a]	**I i**	i [i]	**R r**	erre ['ɛhi]
B b	bê [be]	**J j**	jota ['ʒɔta]	**S s**	esse ['ɛsi]
C c	cê [se]	**K k**	cá [ka]	**T t**	tê [te]
Ç ç	cê cedilha [se si'dʒiʎa]	**L l**	ele ['ɛli]	**U u**	u [u]
D d	dê [de]	**M m**	eme ['ẽmi]	**V v**	vê [ve]
F f	efe ['ɛfi]	**O o**	ó [ɔ]	**W w**	dábliu ['dabliʊ]
E e	é [ɛ]	**N n**	ene ['ẽni]	**X x**	xis [ʃis]
G g	gê [ʒe]	**P p**	pê [pe]	**Y y**	ípsilon ['ipisilõ]
H h	agá [a'ga]	**Q q**	quê [ke]	**Z z**	zê [ze]

▸ O **ç** só é usado no interior das palavras, diante das vogais *a*, *o* e *u* |☛ 1.4.1|.

▸ As letras **K, W** e **Y** são empregadas na escrita de palavras de origem estrangeira (ketchup, kiwi, kung fu, watt, *yuppie*), nomes próprios (Wanderley, Keila) e abreviações internacionais (kg = quilograma; km = quilômetro). A pronúncia de **W** costuma ser [u], mas em alguns nomes próprios é [v], como em Wanderleia, Wagner etc.

1.2 SÍLABA TÔNICA

A sílaba *tônica* é aquela pronunciada com mais força numa palavra. As *átonas* são as outras, de pronúncia mais fraca.

▸ O PB apresenta três possibilidades de sílaba tônica[3]:

- a sílaba tônica é a última:
  Bra**sil** • dor**mir** • ca**fé** • ba**ú** • cora**ção** • fran**cês**
- a sílaba tônica é a penúltima (uma antes da última):
  ci**da**de • Ama**zo**nas • a**mi**ga • auto**mó**vel • **ho**mem
- a sílaba tônica é a antepenúltima (duas antes da última):
  árvore • es**tô**mago • **lâm**pada • A**mé**rica • **sá**bado • **mú**sica

[2] Na transcrição fonética, o sinal ' vem antes da sílaba tônica: casa ['kaza], café [ka'fɛ], árvore ['ahvoɾi].

[3] As gramáticas brasileiras usam os termos *oxítona*, quando a sílaba tônica é a última, *paroxítona*, quando é a penúltima, e *proparoxítona*, quando é a antepenúltima.

Na grande maioria das palavras do PB, a sílaba tônica é a **penúltima**.

▸ Algumas sílabas tônicas recebem um acento gráfico, outras não |☛1.7|.

1.3 Vogais orais

O PB tem sete vogais orais:

ESCRITA	PRONÚNCIA	EXEMPLOS
a, á	[a]	p**á**lido • am**a**r • m**a**r**a**cuj**á**
e, ê	[e]	m**e**do • p**ê**ss**e**go • pod**e**r
e, é	[ɛ]	m**e**l • mulh**e**r • **é**poca
i, í	[i]	v**i**da • l**í**qu**i**do • aqu**i**
o, ô	[o]	am**o**r • r**o**b**ô** • d**o**ce
o, ó	[ɔ]	r**o**sa • s**ó**lido • av**ó**
u, ú	[u]	cr**u**z • m**ú**sica • **u**r**u**b**u**

1.3.1 Abertas e fechadas

A pronúncia das vogais abertas e fechadas tem relação com as sílabas tônicas e átonas de uma palavra.

1.3.2 Tônicas

▸ Quando a vogal é **tônica**, a oposição entre [ɛ] aberto e [e] fechado e entre [ɔ] aberto e [o] fechado permite *diferenciar*:

- palavras com significados diferentes:

  a s**e**de [ɛ] ('local') *vs.* a s**e**de [e] ('sensação') (substantivos)

- gêneros de palavras:

  a av**ó** [ɔ] *vs.* o av**ô** [o] (substantivos)

- gêneros de pronomes pessoais:

MASCULINO [e]	FEMININO [ɛ]
ele • **e**les	**e**la • **e**las
este • **e**stes	**e**sta • **e**stas
esse • **e**sses	**e**ssa • **e**ssas
aqu**e**le • aqu**e**les	aqu**e**la • aqu**e**las

- classes de palavras:

SUBSTANTIVO [e]	VERBO [ɛ]	SUBSTANTIVO [o]	VERBO [ɔ]
o ac**e**rto	eu ac**e**rto	o alm**o**ço	eu alm**o**ço
o ap**e**rto	eu ap**e**rto	o ch**o**ro	eu ch**o**ro
o com**e**ço	eu com**e**ço	o g**o**sto	eu g**o**sto
o cons**e**rto	eu cons**e**rto	o nam**o**ro	eu nam**o**ro
o despr**e**zo	eu despr**e**zo	o p**o**sto	eu p**o**sto
o g**e**lo	eu g**e**lo	o j**o**go	eu j**o**go
o p**e**so	eu p**e**so	o **o**lho	eu **o**lho
o soss**e**go	eu soss**e**go	o tr**o**co	eu tr**o**co
o **e**rro	eu **e**rro	o suf**o**co	eu suf**o**co
a colh**e**r	colh**e**r (infinitivo)	o m**o**lho	eu m**o**lho

OBS.: Como se vê no quadro acima, as vogais *fechadas* ocorrem nos **substantivos**, enquanto as *abertas* ocorrem nos **verbos**.

- muitas palavras com [o] no singular apresentam [ɔ] no plural:

SUBSTANTIVOS

SINGULAR [o]	PLURAL [ɔ]
car**o**ço	car**o**ços
c**o**rpo	c**o**rpos
esf**o**rço	esf**o**rços
f**o**go	f**o**gos
imp**o**sto	imp**o**stos
j**o**go	j**o**gos
m**o**rto	m**o**rtos
olho	**o**lhos
osso	**o**ssos
ovo	**o**vos
p**o**ço	p**o**ços
p**o**rco	p**o**rcos

p**o**rto	p**o**rtos
p**o**vo	p**o**vos
ref**o**rço	ref**o**rços
soc**o**rro	soc**o**rros
tij**o**lo	tij**o**los

► A terminação *-oso* de adjetivos masculinos muda seu [o] em [ɔ] no plural e no feminino singular e plural. A regra também vale para o adjetivo *novo*.

ADJETIVOS

[o]	[ɔ]		
MASCULINO SINGULAR	**MASCULINO PLURAL**	**FEMININO SINGULAR**	**FEMININO PLURAL**
amor**o**so	amor**o**sos	amor**o**sa	amor**o**sas
calor**o**so	calor**o**sos	calor**o**sa	calor**o**sas
cheir**o**so	cheir**o**sos	cheir**o**sa	cheir**o**sas
fam**o**so	fam**o**sos	fam**o**sa	fam**o**sas
n**o**vo	n**o**vos	n**o**va	n**o**vas
perig**o**so	perig**o**sos	perig**o**sa	perig**o**sas
poder**o**so	poder**o**sos	poder**o**sa	poder**o**sas

► As palavras terminadas em *-or* apresentam vogal fechada:

am**or**	[am'oh]
incol**or**	[ĩko'loh]
cal**or**	[kal'oh]
c**or**	[‘koh]
comp**or**	[kõ'poh]
elevad**or**	[elɛva'doh]
fl**or**	[floh]
horr**or**	[o'hoh]
leit**or**	[lei'toh]
mot**or**	[mo'toh]
embaixad**or**	[ĩbaxad'oh]
profess**or**	[profes'oh]

Exceções:

mai**or**	[maɪ'ɔh]
maj**or**	[ma'ʒɔh]
melh**or**	[me'ʎɔh]
men**or**	[me'nɔh]
pi**or**	[pi'ɔh]
pormen**o**r	[pohme'nɔh]
red**or**	[hɛ'dɔh]
su**or**	[su'ɔh]

▸ Os femininos de substantivos e adjetivos terminados em ***-ora*** apresentam a vogal fechada [o] idêntica à do masculino:

cant**or** [oh]	cant**ora** [ora]
embaixad**or** [oh]	embaixad**ora** [ora]
profess**or** [oh]	profess**ora** [ora]
trabalhad**or** [oh]	trabalhad**ora** [ora] etc.

Exceção: *senhora* [se'ɲɔra], feminino de *senhor* [se'ɲoh]

▸ Apresenta a vogal aberta [ɔ] a expressão **de cor** (= de memória), usada nas expressões "saber (alguma coisa) de cor", *"aprender (alguma coisa) de cor"*, *"conhecer (alguma coisa) de cor"* etc.

1.3.3 Átonas

▸ Em final de palavra, as vogais ***-e*** e ***-o*** átonas são pronunciadas [i] e [u]:

doce ['dosi]	pássaro ['pasaru]
gente ['ʒẽtʃi]	moderno [mo'dɛhnu]
peixe ['peʃi]	ovo ['ovu]
cidade [si'dadʒi]	filho ['fiʎu]
telefone [tele'fõni]	tudo ['tudu]

▸ Essa regra também se aplica aos artigos masculinos *o/os*, pronunciados [u]/[us], e à conjunção *e*, pronunciada [i]:

o gat**o** **e** **o**s rat**o**s [u 'gatu i us 'hatus]

▸ Antes da sílaba tônica, as vogais átonas [e] e [o] podem ser pronunciadas [i] e [u], mas isso depende da região:

bonito [bu'nitu]	pedir [pi'dʒih]
governo [gu'vehnu]	pequeno [pi'kenu]
comida [ku'mida]	perigo [pi'rigu]
polícia [pu'lisɪa]	menina [mi'nĩna]
fogão [fu'gãʊ̃]	tesoura [tʃi'zora]

► Nas palavras que começam com as sílabas ***es***- ou ***ex***- + consoante, a vogal inicial normalmente é pronunciada [i]:

escola	[is'kɔla]	excursão	[iskuh'sãʊ̃]
escrever	[iskre'veh]	expandir	[ispã'dʒih]
esfriar	[isfri'ah]	experiência	[isperi'ẽsɪa]
espaço	[is'pasu]	explicar	[ispli'kah]
espírito	[is'piritu]	explorar	[isplo'rah]
esporte	[is'pɔhtʃi]	exposição	[ispozi'sãʊ̃]
esquecer	[iske'seh]	extensão	[istẽ'sãʊ̃]
estado	[is'tadu]	extinção	[istʃĩ'sãʊ̃]
estreito	[is'treɪtu]	extrair	[istra'ih]

1.3.4 Inserção de [i]

► Na fala, é comum a inserção da vogal [i] entre duas consoantes, quando a sílaba não apresenta vogal:

ORTOGRAFIA	PRONÚNCIA
admitir ad-mi-tir	[a.dʒi.mi'.tʃih]
a**dv**ogado ad-vo-ga-do	[a.dʒi.vo.'ga.du]
a**mn**ésia am-né-sia	[a.mi.'nɛ.zɪa]
o**bs**ervar ob-ser-var	[o.bi.seh.'vah]

pneu pneu	[pi.ˈneʊ]
ritmo rit-mo	[ˈhi.tʃi.mu]

▸ Quando palavras estrangeiras são adotadas no PB, as sílabas recebem [i] para se adaptar à pronúncia brasileira:

short [ˈʃɔhtʃi] **hot-dog** [hɔtʃiˈdɔgi] **pop** [ˈpɔpi]

1.4 Vogais nasais

▸ O PB tem cinco vogais nasais:

PRONÚNCIA	EXEMPLOS
[ã]	c**a**mpo • m**a**nh**ã** • **a**no • l**â**mpada
[ẽ]	t**e**mpo • l**e**nto • v**e**nha • extr**e**mo
[ĩ]	l**i**ndo • s**í**mbolo • v**i**nho • ass**im**
[õ]	c**o**mpra • p**o**nte • s**o**nho • b**o**m
[ũ]	c**u**mprir • m**u**ndo • **u**nha • at**um**

Elas servem para *distinguir* palavras:

grade	[graˈdʒi]	grande	[grãˈdʒi]
sete	[ˈsɛtʃi]	sente	[ˈsẽtʃi]
mito	[mitu]	minto	[mĩtu]
bode	[ˈbɔdʒi]	bonde	[ˈbõdʒi]
mudo	[ˈmudu]	mundo	[ˈmũdu]

▸ Há dois tipos de vogais nasais: as vogais seguidas de *m*, *n* ou *nh*, e o *-ã* em final de palavra |ditongos nasais, ☛1.6|:

anta	[ˈãta]	**en**tre	[ˈẽtri]
índice	[ˈĩdʒisi]	co**n**ta	[ˈkõta]
onde	[ˈõdʒi]	**unh**a	[ũɲa]
ambicioso	[ãbisiˈozu]	**am**plo	[ˈãplu]

alem**ã**	[ale'mã]	campe**ã**	[kãmpi'ã]
cirugi**ã**	[siruhʒi'ã]	cidad**ã**	[sida'dã]
hortel**ã**	[ohte'lã]	ím**ã**	['ĩmã]
maç**ã**	[ma'sã]	manh**ã**	[mã'ɲã]
tobog**ã**	[tobo'gã]	suti**ã**	[sutʃi'ã]

1.4.1 Nasalização das vogais diante de *m*, *n*, *nh*

Existem algumas regras de nasalização das vogais. Essas regras estão relacionadas com as vogais tônicas e átonas e com a presença de ***m***, ***n*** ou ***nh***.

► ***m*** e ***n*** nasalizam a vogal tônica, quando vêm *depois* dela:

ban**an**a	[ba'nãna]	a**in**da	[a'ĩda]
c**an**o	['kãnu]	c**ôm**odo	['kõmodu]
pl**an**o	['plãnu]	longe	['lõʒi]
rom**an**ce	[ho'mãsi]	**ôn**ibus	['õnibus]
r**em**o	['hẽmu]	sombra	['sõbra]
s**in**o	['sĩnu]	**ún**ico	['ũniku]

Quando há uma consoante depois de ***m*** ou ***n***, ela determina a grafia:

s**amb**a	['sãba]	Diante de **B** e **P**, se escreve **M**.
t**emp**o	['tẽpu]	
s**ímb**olo	['sĩbolu]	
c**omp**rar	[kõ'prah]	
c**ump**rir	[kũ'prih]	
t**ang**o	['tãgu]	Diante das outras consoantes, se escreve **N**.
onda	['õda]	
infância	[ĩ'fãsɪa]	
c**inc**o	['sĩku]	
j**unt**o	['ʒũtu]	
c**inz**a	['sĩza]	

As consoantes ***m*** e ***n*** não nasalizam a vogal átona quando vêm seguidas de vogal:

ca**na**l	[ka'naʊ]
aco**mo**dar	[akomo'dah]
si**na**l	[si'naʊ]

pl<u>a</u>**ne**jar	[plane'ʒah]
r<u>e</u>**ma**r	[he'mah]

Com ***nh***, a vogal antes dela é sempre nasalizada, seja tônica ou átona:

des**enh**o	[de'zẽɲu]	des**enh**ista	[dezẽ'ɲista]
g**anh**a	['gãɲa]	g**anh**ar	[gã'ɲah]
l**inh**a	['lĩɲa]	al**inh**ar	[alĩ'ɲah]
s**onh**o	['sõɲu]	s**onha**dor	[sõɲa'doh]

1.4.2 Ligação entre palavras

Na pronúncia, as sequências de palavras terminadas em vogal nasal podem ser ligadas por [ɲ]:

► Quando a primeira palavra termina com a vogal nasal [ĩ] e a seguinte começa com outra vogal:

eu vi<u>m ho</u>je (ɲ)	[eʊ vĩ'ɲoʒi]
si<u>m o</u>u não (ɲ)	[sĩɲo'nãʊ̃]
enfi<u>m a</u>cabamos (ɲ)	[ẽfĩɲaka'bãmus]

► Quando a primeira palavra termina com as vogais nasais escritas *-um*, *-om* ou *-ã*[4], não se faz a ligação:

com|ela	[kõ 'ɛla]
um|ovo	[ũ 'ovu]
bom|amigo	[bõ a'migu]
maçã|argentina	[ma'sã ahʒẽ'tʃĩna]

1.5 Ditongos orais

► São quinze os ditongos orais:

ESCRITA	PRONÚNCIA	EXEMPLOS
ai	[aɪ]	**rai**va • pap**ai**
au, al	[aʊ]	c**au**sa • loc**al**
ei	[eɪ]	r**ei** • p**ei**to

[4] Os casos das palavras que terminam em *-am* e *-em*, pronunciadas como ditongos, serão tratados em |☛ 1.6|.

ei, éi	[ɛɪ]	id**ei**a • pap**éi**s
eu, el	[eʊ]	**eu**rop**eu** • f**el**tro
éu, el	[ɛʊ]	chap**éu** • fi**el**
ia	[ɪa]	glór**ia** • delíc**ia**
ie*	[ɪi]	sér**ie** • espéc**ie**
iu, il	[ɪʊ]	dorm**iu** • Bras**il**
oi	[oɪ]	c**oi**sa • b**oi**
oi, ói	[ɔɪ]	j**oi**a • her**ói**
ol	[oʊ]	b**ol**sa • g**ol**
ol	[ɔʊ]	g**ol**pe • s**ol**
ui	[uɪ]	c**ui**dado • f**ui**
ul*	[uʊ]	s**ul** • tum**ul**to

(*) *ie* e *ul* são raros.

► Alguns ditongos costumam ser reduzidos a apenas uma vogal na pronúncia (a escrita não se altera):

- o ditongo *ai* é pronunciado [a] diante de *x*:

b**aix**o ['baʃu]
c**aix**a ['kaʃa]
f**aix**a ['faʃa]

- o ditongo *ei* se pronuncia [e] diante de *j*, *r* e *x*:

b**eij**o ['beʒu]
qu**eij**o ['keʒu]
qu**eix**o ['keʃu]
d**eix**ar [de'ʃah]
ch**eir**o ['ʃeru]
prim**eir**a [pri'mera]
brasil**eir**o ['brazi'leru]

- o ditongo escrito *ou* é pronunciado [o]:

cant**ou** [kã'to]
cheg**ou** [ʃe'go]
ou [o]
ouro ['oru]
outro ['otru]
c**ou**ro ['koru]
p**ou**co ['poku]

► O ditongo escrito *ol* pode ser [ɔʊ] aberto ou [oʊ] fechado:

ele s**ol**ta	[ˈeli ˈsɔʊta]	peça s**ol**ta	[ˈpɛsa ˈsoʊta]
eu v**ol**to	[eʊ ˈvɔʊtu]	eu v**ol**tei	[eʊ ˈvoʊteɪ]
s**ol**	[sɔʊ]	g**ol**	[goʊ]
ele res**ol**ve	[ˈeli heˈzɔʊvi]	eu res**ol**vo	[eʊ heˈzoʊvu]

A pronúncia aberta, no entanto, só ocorre em sílaba tônica:

g**ol**pe	[ˈgɔʊpi]	g**ol**pear	[goʊˈpiah]

► Quando a vogal tônica final vem seguida de *-s* ou *-z*, geralmente ela é pronunciada como um ditongo, com [ɪ]:

arr**oz**	[aˈhoɪs] ~ [aˈhos]
cap**az**	[kaˈpaɪs] ~ [kaˈpas]
d**ez**	[dɛɪs] ~ [dɛs]
ele f**az**	[ˈeli ˈfaɪs] ~ [ˈeli ˈfas]
portugu**ês**	[pohtuˈgeɪs] ~ [pohtuˈges]
n**ós**	[nɔɪs] ~ [nɔs]
tr**ês**	[treɪs] ~ [tres]
v**ez**	[veɪs] ~ [ves]
voc**ês**	[voˈseɪs]

1.6 Ditongos nasais

► O PB tem cinco ditongos nasais. Alguns têm mais de uma possibilidade de escrita:

ESCRITA	PRONÚNCIA	EXEMPLOS
ão, am	[ãʊ̃]	**pão** • cant**am**
ãe	[ãɪ̃]	**mãe** • alem**ãe**s
em, ém, en, én	[ẽɪ̃]	b**em** • algu**ém** • hom**en**s • parab**én**s
õe, õem	[õɪ̃]	le**õe**s • p**õem**
uim	[ʊ̃ɪ̃]	r**uim**

► O ditongo [ʊ̃ɪ̃] é raro, mas ele ocorre em *muito*, de alta frequência, e em palavras derivadas de *muito:*

m**ui**to bem	[ˈmʊ̃ɪ̃tu bẽɪ̃]
m**ui**to dinheiro	[ˈmʊ̃ɪ̃tu dʒĩˈɲeru]
m**ui**ta alegria	[ˈmʊ̃ɪ̃ta aliˈgria]
m**ui**tos livros	[ˈmʊ̃ɪ̃tus ˈlivrus]
m**ui**tíssimo obrigada	[mʊ̃ɪ̃ˈtisimu obriˈgada]

► O adjetivo *ruim* pode ser pronunciado em uma sílaba [hʊ̃ĩ], muito comum em todo o Brasil, ou em duas sílabas [hu'ĩ]. De *ruim* vem o substantivo *ruindade* [hʊ̃ĩ'dadʒi].

1.6.1 *-ÃO, -AM*

► Com a escrita ***-ão***, o ditongo [ãʊ̃] ocorre principalmente:

- na formação do aumentativo masculino |☛ 4.3|:

um amigo um amig**ão**	"amigo muito querido, muito íntimo"
um carro um carr**ão**	"carro grande" ou "carro de luxo"

- nos substantivos abstratos terminados em *-ção* (muitos são formados a partir de verbos, como *construir* → *construção*; *eleger* → *eleição*; *organizar* → *organização*; *traduzir* → *tradução* etc.):

a**ção**	men**ção**
admira**ção**	na**ção**
constitui**ção**	organiza**ção**
constru**ção**	realiza**ção**
elei**ção**	situa**ção**
fra**ção**	substitui**ção**
funda**ção**	tradu**ção**

- em palavras com [ãʊ̃] na última sílaba tônica:

sab**ão**	[sa'bãʊ̃]
Jap**ão**	[ʒa'pãʊ̃]
situaç**ão**	[situa'sãʊ̃]
coraç**ão**	[kora'sãʊ̃]
mel**ão**	[me'lãʊ̃]

Exceções:	órg**ão**	['ɔhgãʊ̃]
	órf**ão**	['ɔhfãʊ̃]

► Na 3ª pessoa do plural dos verbos, se escreve *-ão* no *futuro* (sílaba tônica) e *-am* nos demais tempos verbais (sílaba átona):

- 3ª pessoa do plural → terminação em sílaba **tônica:**

falar**ão** viver**ão** sair**ão** ser**ão**	*-ão* = [ãʊ̃] No *futuro simples do indicativo.*

- 3ª pessoa do plural → terminação em sílaba **átona**:

fal**am**	['falãʊ̃]	*-am* = [ãʊ̃]
dig**am**	['dʒigãʊ̃]	
viver**am**	[vi'verãʊ̃]	
cantar**am**	[kã'tarãʊ̃]	
poderi**am**	[pode'riãʊ̃]	

1.6.2 *-EM, -ÉM/-ÊM, -EN*

► O ditongo [ẽĩ] só aparece em final de palavra e pode ser escrito como ***-em, -ém/-êm*** ou ***-en***.

► Na sílaba tônica, quando é a última, se escreve ***-ém*** (plural: ***-éns***):

algu**ém**	[aʊ'gẽĩ]
armaz**ém**	[ahma'zẽĩ]
parab**éns**	[para'bẽĩs]
tamb**ém**	[tã'bẽĩ]
por**ém**	[po'rẽĩ]

► Nos verbos, o acento gráfico distingue a 3ª pessoa do *singular* (***-ém***) da 3ª pessoa do *plural* (***-êm***). A pronúncia é a mesma:

		SINGULAR		PLURAL
conv**ém**	←	[kõ'vẽĩ]	→	conv**êm**
prov**ém**	←	[pro'vẽĩ]	→	prov**êm**
cont**ém**	←	[kõ'tẽĩ]	→	cont**êm**
ret**ém**	←	[he'tẽĩ]	→	ret**êm**
entret**ém**	←	[ẽtre'tẽĩ]	→	entret**êm**

As formas dos verbos *vir* e *ter* não recebem acento no singular:
vem e **tem** (singular)
vêm e **têm** (plural)

► Em sílabas átonas, se escreve geralmente ***-em*** (sem acento gráfico); a terminação ***-en*** é mais rara. A escrita ***-em*** ocorre:

- em formas verbais do plural:

(elas) sab**em**	['sabẽĩ]
(eles) faz**em**	['fazẽĩ]
(que vocês) cant**em**	['kãtẽĩ]
(se/que vocês) falass**em**	[fa'lasẽĩ]
(se/quando eles/elas) for**em**	['forẽĩ]
(se/quando eles/elas) puder**em**	['pu'dɛrẽĩ]

- nas palavras *homem/homens* (['õmẽĩ]/['õmẽĩs]) e *outrem* ['oʊtrẽĩ] (*outrem* é raro).

- em algumas palavras de uma sílaba:

bem	[bẽĩ]	**sem**	[sẽĩ]
cem	[sẽĩ]	**quem**	[kẽĩ]
em	[ẽĩ][5]	**nem**	[nẽĩ]

A escrita ***-en*** ocorre em muito poucas palavras (com acento na sílaba tônica):

abd**ô**m**en**	[abiˈdomẽĩ]
h**í**f**en**	[ˈifẽĩ]
h**í**m**en**	[ˈimẽĩ]
p**ó**l**en**	[ˈpɔlen]
s**ê**m**en**	[ˈsẽmẽĩ]

1.6.3 Ligação entre palavras

► Numa sequência de palavras, se a primeira termina em ***-em***, ***-ém/-êm*** ou ***-en*** e a seguinte começa por uma vogal, surge uma ligação feita com [ɲ]:

bem aqui (ɲ)	[bẽĩɲaˈki]
nem eu nem ele (ɲ ɲ)	[nẽĩɲeʊnẽĩˈɲeli]
sem amor (ɲ)	[sẽĩɲaˈmoh]
também eu (ɲ)	[tãbẽĩˈɲeʊ]

1.7 Consoantes

► Consoantes do PB:

ESCRITA	PRONÚNCIA	EXEMPLOS
b	[b]	**b**a**b**á • a**b**rir • **b**e**b**er • sa**b**ão
c, qu	[k]	**c**asa**c**o • ma**c**a**c**o • **qu**erer • a**qu**i
d	[d] [dʒ]*	**d**a**d**o • **d**elica**d**o • **d**e**d**o • **d**úvi**d**a **d**ia • **d**ificulda**d**e • **d**iretor

[5] A preposição *em* [ẽĩ] costuma se reduzir a [ĩ], na fala espontânea mais rápida: *ela mora em Roma* [ˈɛla ˈmɔra ĩ ˈhõma].

f	[f]	**f**é • **f**ogo • a**f**ricano • gar**f**o
g, gu	[g]	**g**ato • **g**re**g**o • **gu**erra • en**gu**ia
ge, gi, j	[ʒ]	a**gi**r • **ge**n**gi**bre • **j**ovem • **j**e**j**um
l	[l]	**l**ua • a**l**i • cé**l**u**l**a • a**l**egria
lh	[ʎ]	o**lh**o • fa**lh**a • ve**lh**o • mi**lh**o
m	[m]	**m**undo • a**m**a**m**entar • **m**í**m**ica
n	[n]	**n**ada • a**n**el • me**n**i**n**a • u**n**ião
nh	[ɲ]	vi**nh**o • espa**nh**ol • so**nh**o
p	[p]	**p**reto • **p**a**p**el • **p**rínci**p**e
r, rr	[h]	**r**ato • ca**rr**o • po**r**ta • ama**r**
r	[ɾ]	b**r**asilei**r**o • f**r**ancês • a**r**a**r**a
s, c, ç, z...	[s]**	**s**uce**ss**o • a**ç**o • pa**z** • pró**x**imo
ch, x	[ʃ]	**ch**á • co**ch**i**ch**ar • ro**x**o • lu**x**o
t	[t] [tʃ]*	**t**e**t**o • **t**ris**t**eza • **t**a**t**uagem a**ti**vo • convi**te** • ví**ti**ma • **tí**tulo
v	[v]	**v**oto • a**v**enida • **v**i**v**eiro • chu**v**a
z, s...	[z]**	**z**ebra • fa**z**er • coi**s**a • ga**s**o**s**o

(*) |☛1.7.2|.
(**) Os sons [s] e [z] têm várias escritas possíveis |☛1.9|.

► Existem algumas regras de pronúncia das consoantes, pois nem sempre uma letra tem apenas uma pronúncia, mas as letras e combinações a seguir têm **sempre a mesma pronúncia**:

ESCRITA	PRONÚNCIA	EXEMPLOS
b	[b]	a**b**acate • **b**oneca • co**b**ra
ç	[s]	a**ç**aí • la**ç**o • mo**ç**o
ch	[ʃ]	**ch**uva • a**ch**ar • **ch**icote
f	[f]	**f**ácil • aba**f**ado • **f**ós**f**oro
j	[ʒ]	**j**arra • **j**eito • **j**ogo
lh	[ʎ]	a**lh**o • fa**lh**a • ga**lh**o

nh	[ɲ]	ara**nh**a • ma**nh**ã • u**nh**a
p	[p]	**p**é • so**p**a • **p**o**p**ulação
rr	[h]	ama**rr**ar • a**rr**oz • e**rr**o
sç	[s]	cre**sç**a • de**sç**a • flore**sç**a
ss	[s]	a**ss**istir • a**ss**ado • i**ss**o
v	[v]	u**v**a • **v**erde • **v**azio

► Em PB, não existem palavras que comecem com *ç, rr, sç* e *ss*. São raras as palavras que começam com *lh* e *nh*: *lhama* (animal), *lhe* (pronome), *nhandu* (ave), *nhambu* (ave) etc. *Nhoque* é uma palavra emprestada do italiano (*gnocchi*).

1.7.1 *c/ç*

► Diante de *a, o, u,* a letra *c* tem a pronúncia [k]. Diante de *e* e *i*, ela é pronunciada [s]:

casa**co**	[ka'zaku]	**ce**bola	[se'bola]
camisa	[ka'miza]	ba**ci**a	[ba'sia]
corpo	['kohpu]	re**ce**ber	[rese'beh]
ma**caco**	[ma'kaku]	**ci**nema	[si'nẽma]
curva	['kuhva]	**ci**úme	[si'ũmi]

► A letra *ç* só é usada no interior das palavras diante de *a, o, u*. Ela ocorre entre vogais ou depois das consoantes *l, n* e *r*. Sua pronúncia é sempre [s]:

a**ção**	[a'sãʊ̃]	Fra**nça**	['frãsa]
a**ço**	['asu]	ma**rço**	['mahsu]
a**çú**car	[a'sukah]	ca**lça**	['kaʊsa]

1.7.2 *d/t*

► A letra *d* é pronunciada [d]:

daí	[da'i]	**doido**	['doidu]
dedo	['dedu]	**dú**vida	['duvida]

► Mas diante de [i] se pronuncia [dʒ], como nas palavras do inglês *John, judge, general* ou do italiano *gente, giorno*[6]:

---

[6] Essa pronúncia é a mais comum em todo o Brasil, mas existem algumas regiões em que a pronúncia de *dia* é ['dia] e não ['dʒia].

cida**de**	[si'dadʒi]	di**a** **de** calor	['dʒia dʒi ka'loh]
vonta**de**	[võ'tadʒi]	a**d**vogado	[adʒivo'gadu]
desconto	[dʒis'kõtu]	**di**zer	[dʒi'zeh]
desfazer	[dʒisfa'zeh]	me**dir**	[me'dʒih]

OBS.: A vogal átona final escrita *-e* é pronunciada [i] |☛ 1.3.1.2|.

▸ De modo semelhante, a consoante *t* é pronunciada [t]:

tabu	[ta'bu]	**te**levisão	[televi'zãʊ̃]
texto	['teʃtu]	**torta**	['tɔhta]
tu	[tu]	**to**uro	[to' ɾu]

▸ Mas diante de [i] se pronuncia [tʃ], como nas palavras do inglês *chain, cheek, cherry*, do italiano *cinema, cena, cibo*, ou do espanhol *chica, chino, chorro*[7]:

atitude	[atʃi'tudʒi]	teatro	[tʃi'atru]
étnico	['ɛtʃiniku]	tesoura	[tʃi'zora]
eu **te** amo	[eʊ tʃi 'ãmu]	tipo	['tʃipu]
vinte	['vĩtʃi]	triste	['tristʃi]

▸ O pronome *te* [tʃi] não se distingue, na fala, do pronome *ti* [tʃi].

1.7.3 *gu/qu*

▸ Diante de *a* e *o*, os grupos *gu* e *qu* têm as seguintes pronúncias:

(i) [gʷa]: á**gua** ['agʷa] • **gua**rdar [gʷah'dah] • lín**gua** ['lĩgʷa]
(ii) [gʷo]/[gʷu]: ambí**guo** [ã'bigʷu] (pouco frequente)
(iii) [kʷa]: **qua**renta [kʷa'rẽta] • **qua**se ['kʷazi] • **qua**tro ['kʷatru]
(iv) [kʷɔ]: **quó**rum ['kʷɔrũ] (pouco frequente)

▸ As seguintes palavras apresentam dupla grafia e dupla pronúncia, mas as formas escritas com *co-* são mais habituais hoje:

quota / **co**ta ['kʷɔta] ['kɔta] | **quo**tidiano / **co**tidiano [kʷotʃidʒi'ãnu] [kotʃidʒi'ãnu] | **quo**ciente / **co**ciente [kʷosi'ẽtʃi] [kosi'ẽtʃi]

[7] Essa pronúncia é a mais comum em todo o Brasil, mas existem algumas regiões em que a pronúncia de *tia* é ['tia] e não ['tʃia].

▸ Algumas palavras com *go-* e *co-* seguidos de vogal são pronunciadas [gʷ] e [kʷ]:

coador	[kuaˈdoh] ~ [ˈkʷadoh]
coalhar	[ˈkʷaʎah]
goela	[ˈgʷɛla]
má**go**a	[ˈmagʷa]
Pás**co**a	[ˈpaskʷa]

▸ O grupo *quan-* é sempre pronunciado [kʷã]:

quando [ˈkʷãdu] **quan**tidade [kʷãtʃiˈdadʒi]

▸ Diante de *e* e *i*, os grupos *gu* e *qu* podem ser pronunciados [gʷe], [gʷi], [kʷe], [kʷi], ou [ge], [gi], [ke], [ki], a depender da palavra. Algumas palavras apresentam duas pronúncias. Portanto, é preciso aprender a pronúncia de cada palavra:

a**gue**ntar	[agʷẽtah]	lin**guí**stica	[lĩˈgʷistʃika]
anti**gui**dade	[ãtʃigʷiˈdadʒi] [ãtʃigiˈdadʒi]	fre**que**nte	[freˈkʷẽtʃi]
a**qui**lo	[aˈkilu]	lí**qui**do	[ˈlikʷidu] [ˈlikidu]
guerra	[ˈgeha]	**que**rer	[keˈreh]
gueto	[ˈgetu]	**que**stão	[kesˈtãʊ̃]
guia	[ˈgia]	se**quê**ncia	[seˈkʷẽsɪa]
guinada	[giˈnada]	san**gue**	[ˈsãgi]

1.7.4 *g/j*

▸ A letra *g* representa o som [g] diante das vogais *a*, *o* e *u*. Diante das vogais *e* e *i*, ela representa o som [ʒ]:

garrafa	[gaˈhafa]	**ge**rente	[ʒeˈrẽtʃi]
ami**ga**	[aˈmiga]	exi**gi**r	[eziˈʒih]
gorjeta	[gohˈʒeta]	**gi**rafa	[ʒiˈrafa]
gago	[ˈgagu]	a**ge**nda	[aˈʒẽda]
a**gu**lha	[aˈguʎa]	**gi**nástica	[ʒiˈnastʃika]

▸ A letra *j*, por sua vez, representa exclusivamente o som [ʒ]:

janela	[ʒaˈnɛla]
jejum	[ʒeˈʒũ]

jipe [ʒi'pi]
jovem ['ʒɔvẽĩ]
justiça [ʒus'tʃisa]

▸ As palavras escritas com *je* e *ji* são menos numerosas do que as escritas com *ge* e *gi*. Em sua maioria, são palavras derivadas das línguas indígenas e africanas que contribuíram para a formação do léxico brasileiro:

jabuti [ʒabu'tʃi] (origem: tupi; nome de um réptil)
jenipapo [ʒeni'papu] (origem: tupi; nome de um fruto)
jerimum [ʒiri'mũ] (origem: tupi; nome de um fruto)
jiboia [ʒi'bɔıa] (origem: tupi; nome de uma cobra)
jia ['ʒia] (origem: tupi; nome de um anfíbio)
jiló [ʒi'lɔ] (origem: banto; nome de um fruto)
acara**jé** [akara'ʒɛ] (origem: iorubá; nome de uma comida)

1.7.5 *h*

▸ A letra *h* não é pronunciada. Ela aparece:

- em início de palavra, antes de vogal:

habilidade [abilida'dʒi]
herói [e'rɔı]
hino ['ĩnu]
homem ['õmẽĩ]
humor [u'moh]

- na formação dos grupos *ch* [ʃ], *lh* [ʎ] e *nh* [ɲ], e na escrita das interjeições: *ah!*, *ih!*, *oh!*, *uh!*

1.7.6 *l*

▸ A letra *l* em PB pode representar dois sons diferentes: [l] como em espanhol, francês, inglês, alemão e italiano: *Lima*; e [ʊ], como no inglês *h**ou**se* ou no alemão *H**au**s*:

- [l] → em início de palavra:

lugar [lu'gah] **l**imão [li'mãʊ̃] **l**obo ['lobu] **l**etra ['letra]

- [l] → entre duas vogais:

ma**l**a ['mala] se**l**o ['selu] te**l**a ['tɛla] a**l**uno [a'lũnu]

- [ʊ] → em final de palavra:

Brasi**l** [bra'ziʊ] pape**l** [pa'pɛʊ] go**l** [goʊ] jorna**l** [ʒoh'naʊ]

- [ʊ] → antes de outra consoante:

a**lt**o ['aʊtu] go**lp**e ['gɔʊpi] fi**lt**ro ['fiʊtru] cu**lp**a ['kuʊpa]

Portanto,

latera**l**	[late'raʊ]
lega**l**	[lɛ'gaʊ]
lençó**l**	[lẽ'sɔʊ]
litora**l**	[litɔ'raʊ]
loca**l**	[lo'kaʊ]

► Não existe ligação com [l] quando uma palavra termina em [*l*] e a seguinte começa por vogal:

lençol | azul | e branco	[lẽ'sɔʊ | a'zuʊ | i 'brãku]
jornal | italiano	[ʒoh'naʊ | itali'ãnu]
Brasil | e China	[bra'ziʊ | i 'ʃĩna]

► O adjetivo *mau* e o advérbio e substantivo *mal* têm pronúncia idêntica em PB [maʊ], mas escritas diferentes:

O **mau** tempo impediu o pouso de muitos aviões esta manhã em Curitiba.
ADJETIVO

Ele já foi o melhor de seu time, mas este ano vem jogando muito **mal**.
ADVÉRBIO

Muitas pesquisas buscam uma cura definitiva para o **mal** de Parkinson.
SUBSTANTIVO

1.7.7 *lh/li*

► As combinações *lh* e *li* **+ vogal** são pronunciadas [ʎ] em PB:

a**lh**o	['aʎu]	Brasí**li**a	[bra'ziʎa]
fi**lh**o	['fiʎu]	exí**li**o	[e'ziʎu]
Itá**li**a	[i'taʎa]	famí**li**a	[fa'miʎa]
ju**lh**o	['ʒuʎu]	Jú**li**o	['ʒuʎu]
o**lh**o	['oʎu]	ó**le**o*	['ɔʎu]
pa**lh**a	['paʎa]	traba**lh**o	[tra'baʎu]
ro**lh**a	['hoʎa]	**lh**e	[ʎi]

(*) A palavra *óleo* é a única em que o grupo le + vogal se pronuncia [ʎ].

► Essa pronúncia corresponde ao grupo escrito *gli* em italiano (*figlio, aglio, maglia*), mas não existe em inglês, francês e alemão. Em espanhol, a grafia *ll* apresenta uma ampla variação de pronúncias, mas nenhuma delas corresponde exatamente ao [ʎ] do PB.

▸ São muito raras as palavras que começam com *lh*:

lhama	[ˈʎãma]	(origem: quíchua; nome de um animal)
lhe	[ʎe]	(pronome)

1.7.8 *m/n*

▸ Em início de palavra, as letras *m* e *n* representam a pronúncia [m] e [n]:

mala	[ˈmala]	**n**ada	[ˈnada]
médico	[ˈmɛdʒiku]	**n**egro	[ˈnegru]
milho	[ˈmiʎu]	**n**inar	[niˈnah]
morto	[ˈmohtu]	**n**ome	[ˈnõmi]
mulher	[muˈʎɛh]	**n**u	[nu]

▸ Em outras posições, *m* e *n* representam a nasalização de vogais e ditongos |☛ 1.4, 1.6|.

1.7.9 *nh*

▸ A pronúncia de *nh* é [ɲ] (semelhante ao espanhol *ñ*, ao francês e ao italiano *gn*). Esse grupo escrito ocorre na grande maioria das vezes entre vogais e nasaliza a vogal anterior:

ni**nh**o	[ˈnĩɲu]	vi**nh**o	[ˈvĩɲu]
so**nh**o	[ˈsõɲu]	pu**nh**o	[ˈpũɲu]

▸ São muito raras as palavras que começam com *nh*:

nhambu	[nãˈbu]	(origem: tupi; nome de uma planta e de um pássaro)
nheengatu	[ɲẽẽgaˈtu]	(origem: tupi; nome de uma língua brasileira)
nhoque	[ˈɲɔki]	(origem: italiano; nome de uma comida)

1.7.10 *r/rr*

▸ A letra *r* tem **duas pronúncias diferentes**, ao contrário do que ocorre em francês e inglês:

- [ɾ] → de pronúncia vibrante, produzida com a ponta da língua; o mesmo que se ouve no italiano e no espanhol em *caro*.
- [h] → de pronúncia aspirada, suave, semelhante ao que se escreve com *h* em inglês (***h**ouse*, ***h**ave*, ***h**ot*), ou mais forte, como o que se escreve com *j* em espanhol (***j**amón*, ***j**ugo*, ***j**efe*)[8].

[8] Os sons correspondentes ao que se escreve *r* e *rr* apresentam grande variação regional no PB. As pronúncias apresentadas aqui são as mais comuns na fala urbana e nos meios de comunicação.

► A letra *r* é pronunciada [ɾ] quando ocorre:

- entre vogais

a**r**a**r**a	ba**r**ulho	ho**r**á**r**io	ca**r**ioca	Pa**r**is
[aˈɾaɾa]	[baˈɾuʎu]	[ɔˈɾaɾɪu]	[kaɾiˈɔka]	[paˈɾis]

- depois de uma consoante com a qual forma uma sílaba:

Brasil	con**tr**ato	**fr**aco	**gr**ito	**pr**o**pr**iedade
[bɾaˈziʊ]	[kõˈtɾatu]	[ˈfɾaku]	[ˈgɾitu]	[pɾopɾieˈdadʒi]

► A letra **r** é pronunciada [h]:

- quando é a primeira letra da palavra:

rato [ˈhatu] **r**ede [ˈhedʒi] **r**iso [ˈhizu] **r**oda [ˈhɔda] **r**ua [ˈhua]

- quando é a última letra da palavra:

abaju**r** [abaˈjuh] açúca**r** [aˈsukah] amo**r** [aˈmoh] sai**r** [saˈih]

- quando ocorre antes de outra consoante com a qual não forma sílaba, dentro da palavra:

ca**rn**e [ˈkahni] ce**rt**o [ˈsɛhtu] ga**rf**o [ˈgahfu] la**rg**o [ˈlahgu]

- quando ocorre depois das consoantes *l*, *n* ou *s* (casos mais raros):

gue**lr**a [ˈgɛʊha] ge**nr**o [ˈʒẽhu] ho**nr**a [ˈõha] I**sr**ael [izhaˈɛʊ]

► A não distinção do [ɾ] e do [h] pode causar problemas de compreensão, pois esses dois sons servem para **distinguir o significado** de muitas palavras:

[ɾ]		[ʜ]	
aranha ('animal aracnídeo')	[aˈɾãɲa]	**arranha** (3ª p. sing. pres. do verbo *arranhar*)	[aˈhãɲa]
carinho ('afeição, delicadeza')	[kaˈɾĩɲu]	**carrinho** ('carro para transportar pequenas coisas')	[kaˈhĩɲu]
caro ('de preço alto')	[ˈkaɾu]	**carro** ('automóvel')	[ˈkahu]
coro ('grupo de pessoas que cantam juntas')	[ˈkoɾu]	**corro** (1ª p. sing. pres. do verbo *correr*)	[ˈkohu]
encerar ('passar cera')	[ẽseˈɾah]	**encerrar** ('concluir, terminar')	[ẽseˈhah]

era ('período histórico')	['ɛra]	**erra** (3ª p. sing. pres. do verbo *errar*)	['ɛha]
muro ('parede alta de proteção')	['muɾu]	**murro** ('golpe com a mão fechada')	['muhu]

▸ O grupo *rr* vem sempre entre duas vogais e se pronuncia [h]:

fe**rr**o ['fɛhu]   **irr**itar [ihi'tah]   co**rr**ente [ko'hẽtʃi]   ga**rr**a ['gaha]

▸ Eliminação de [h] final

Na fala espontânea, os brasileiros tendem a pronunciar de modo muito fraco o [h], ou a não pronunciá-lo em final de palavra (especialmente os verbos no infinitivo):

ama**r** [a'mah] ~ [a'ma]
calo**r** [ka'loh] ~ [ka'lo]
dize**r** [dʒi'zeh] ~ [dʒi'ze]
cai**r** [ka'ih] ~ [ka'i]
professo**r** [profe'soh] ~ [profe'so]
sofre**r** [so'freh] ~ [so'fre]

No entanto, se a palavra seguinte começar por vogal, é possível fazer a ligação com um [ɾ]:

ama**r** [a'mah]
ama**r** **o**s filhos (ɾ) [a'maɾ_us 'fiʎus]
dize**r** [dʒi'zeh]
dize**r** **a** verdade (ɾ) [dʒi'zeɾ_a veh'dadʒi]
ato**r** [a'toh]
ato**r** **e** cantor (ɾ) [a'toɾ_i kã'toh]
começa**r** [kome'sah]
começa**r** **a**gora (ɾ) [kome'saɾ_a'gɔra]

1.7.11 *s/ss*

▸ A letra *s* simples pode ser pronunciada como:

- [s] → em ínicio de palavra:

sal [saʊ]
semana [se'mãna]
sino ['sĩnu]
sono ['sõnu]
suor [su'ɔh]

- [s] → em final de palavra:

apó**s**	[a'pɔɪs]
gá**s**	[gaɪs]
trê**s**	[treɪs]
paí**s**	[pa'is]
portuguê**s**	[pohtu'geɪs]
você**s**	[vo'seɪs]

- [s] → no interior da palavra, antes de *c*, *f*, *p*, *que*, *qui* e *t*:

e**sf**era	[is'fɛra]
e**sp**era	[is'pɛra]
má**sc**ara	['maskara]
me**st**re	['mɛstri]
mú**sc**ulo	['muskulu]
e**sque**leto	[iske'letu]
mo**squ**ito	[mus'kitu]

- [s] → no interior da palavra, depois de *r* e *p*:

pe**rs**iana	[pehsi'ãna]
cu**rs**o	['kuhsu]
la**ps**o	['lapsu]

- [s] → no final da palavra, se a palavra seguinte iniciar com *c*, *f*, *p*, *s*, *ch* e *t*:

batata**s f**ritas	[ba'tatas 'fritas]
muita**s c**asa**s p**equenas	['mʊ̃ĩtas 'kasas pi'kẽnas]
a**s p**rimeira**s ch**uvas	[as pri'meras 'ʃuvas]
o**s t**rabalho**s f**inais	[us tra'baʎus fi'naɪs]
dua**s s**emana**s s**em sol	['duas se'mãnas sẽĩ sɔʊ]

- [z] → no interior da palavra, entre vogais:

a**s**a	['aza]
fa**s**e	['fazi]
me**s**a	['meza]
pi**s**o	['pizu]
ro**s**a	['hɔza]
ga**s**o**s**o	[ga'zozu]

- [z] → no interior da palavra, antes de *b*, *d*, *g*, *l*, *m*, *n*:

e**sb**arrar	[izba'hah]
de**sd**e	['dezdʒi]
ra**sg**ar	[haz'gah]
e**sl**avo	[iz'lavu]
me**sm**o	['mezmu]
ci**sn**e	['sizni]

- [z] → no final da palavra, se a palavra seguinte começar com **vogal** ou com *b, d, g, l, m, n*:

a**s** **i**rmãs	[az ih'mãs]
meu**s** **a**migos	[meʊz a'migus]
doi**s** **d**ias	[doɪz 'dʒias]
muito**s** **b**eijos	['mʊ̃ ĩtuz 'beʒus]
a**s** **l**etra**s** **a**zuis	[az 'letraz a'zuɪs]
esse**s** **m**eninos	['esiz mi'nĩnus]
algun**s** **n**úmeros	['aʊgũz 'nũmerus]

▸ Em diversas regiões do Brasil, em especial no Rio de Janeiro, *s* é pronunciada [ʃ], em lugar de [s], e [ʒ], em lugar de [z] diante de consoantes: *festa* ['fɛʃta]/*rasgar* [haʒ'gah].

▸ O grupo *ss* só é empregado entre duas vogais e representa a pronúncia [s]:

o**ss**o	['osu]
i**ss**o	['isu]
ma**ss**a	['masa]
pê**ss**ego	['pesegu]
to**ss**e	['tɔsi]

▸ Em PB, não há palavras que iniciam com ss.

1.7.12 *x*

▸ A letra *x* apresenta diferentes pronúncias:

- [ʃ], depois de *ai, ei* e *ou*:

b**aix**o	['baʃu]
c**aix**a	['kaʃa]
d**eix**ar	[de'ʃah]
eixo	['eʃu]
f**aix**a	['faʃa]
fr**oux**o	['froʃu]
qu**eix**a	['keʃa]
p**eix**e	['peʃi]
qu**eix**o	['keʃu]
tr**oux**a	['troʃa]

- [ʃ], em muitas outras palavras:

bru**x**a	['bruʃa]
Bru**x**elas	[bru'ʃɛlas]
li**x**o	['liʃu]
lu**x**o	['luʃu]
me**x**er	[me'ʃeh]

Mé**x**ico ['mɛʃiku]
pu**x**ar [pu'ʃah]
rela**x**ar [hela'ʃah]
ro**x**o ['hoʃu]
ta**x**a ['taʃa]
xadrez [ʃa'dreɪs]
xícara ['ʃikara]
xi**x**i ['ʃiʃi]

- [s], em todas as palavras iniciadas pelo grupo escrito *ex-* + consoante:

excelente [ese'lẽtʃi]
exceção [ese'sãʊ̃]
excitar [esi'tah]
exportar [espoh'tah] ~ [ispoh'tah]
exposição [espozi'sãʊ̃] ~ [ispozi'sãʊ̃]
exterior [esteri'oh] ~ [isteri'oh]
extra ['estra] ~ ['ɛstra]

- E em algumas palavras, como:

má**x**imo ['masimu]
pró**x**imo ['prɔsimu]
sinta**x**e [sĩ'tasi]

trou**x**e ['trosi]
trou**x**emos [tro'sẽmus]
trou**x**eram [tro'sɛrãʊ̃]
etc.

Formas irregulares do verbo *trazer.*

- [z], em todas as palavras iniciadas pelo grupo escrito *ex-* + vogal:

exame [e'zãmi] ~ [i'zãmi]
exato [e'zatu]
exercício [ezeh'sisɪu]
exército [e'zɛhsitu]
exílio [e'ziʎu]
êxito ['ezitu]
exótico [e'zɔtʃiku]
exuberante [ezube'rãtʃi]

- [ks], em algumas palavras de uso comum e em muitas palavras do vocabulário técnico, científico, literário etc.:

fi**x**ar [fi'ksah]
fle**x**ível [fle'ksiveʊ]
lé**x**ico ['lɛksiku]
ma**x**ilar [maksi'lah]

ma**x**imizar	[maksimi'zah]
o**x**igênio	[oksi'ʒẽnɪu]
parado**x**o	[para'dɔksu]
proli**x**o	[pro'liksu]
tá**x**i	['taksi]
tó**x**ico	['tɔksiku]

1.7.13 *z*

▸ A letra *z* é pronunciada como:

- [z], em início de palavra, antes de *n* ou entre vogais:

zero	['zɛru]
zona	['zõna]
ci**nz**a	['sĩza]
home**nz**arrão	[õmẽĩza'hãʊ̃]
ra**z**ão	[ha'zãʊ̃]
a**z**eite	[a'zeɪtʃi]
irmã**z**inha	[ihmã'zĩɲa]

- [s], em final de palavra:

rapa**z**	[ha'paɪs]
talve**z**	[taʊ'veɪs]
nari**z**	[na'ris]
avestru**z**	[aves'truɪs]
cuscu**z**	[kus'kuɪs]
fero**z**	[fe'rɔɪs]

1.8 DUAS LETRAS, UM SOM

▸ Na ortografia do PB, existem os seguintes **dígrafos** (duas letras = um som):

DÍGRAFOS	SOM	EXEMPLOS
AI[9]	[a]	b**ai**xo c**ai**xa
AM, ÂM	[ã]	sa**m**ba l**âm**pada
AN, ÂN	[ã]	j**an**tar p**ân**tano

[9] Somente diante de *x*.

CH	[ʃ]	**ch**apéu **ch**uva
EI[10]	[e]	qu**ei**xo b**ei**jo
EM	[ẽ]	m**em**bro t**em**po
EN, ÊN	[ẽ]	m**en**tira am**ên**doa
GU	[g]	er**gu**er **gu**ia
HA, HE, HI **HO, HU**	[a], [e], [i], [o], [u]	**ha**ver **he**rói **hi**bernar **ho**mem **hu**mano
IM, ÍM	[ĩ]	s**ím**bolo jard**im**
IN, ÍN	[ĩ]	s**in**dicato **ín**timo
LH	[ʎ]	ve**lh**o i**lh**a
NH	[ɲ]	ma**nh**ã u**nh**a
OM, ÔM	[õ]	b**om**b**om** est**ôm**ago
ON, ÔN	[õ]	**on**de c**ôn**juge
OU	[o]	cant**ou** t**ou**ro
QU	[k]	**qu**ente **qu**ímica a**qu**i
RR	[h]	bai**rr**o i**rr**itar
SC	[s]	na**sc**er de**sc**ida

[10] Somente diante de *x*, *j* e *r*.

SÇ	[s]	de**sç**a cre**sç**o
SS	[s]	ru**ss**o mi**ss**ão
UM, ÚM	[ũ]	c**um**prir c**úm**plice
UN	[ũ]	prof**un**do j**un**to
XC	[s]	e**xc**eção e**xc**essivo

1.9 Mesma pronúncia, escrita diferente

▸ O PB apresenta diversas palavras *diferentes* na escrita, mas *idênticas* na pronúncia (é o que se chama *homofonia*). Esses casos são mais frequentes quando se trata das pronúncias [s], [z], [ʃ] e [ʒ]. Seguem algumas palavras homófonas mais correntes:

acento ('sinal usado na escrita')	**assento** ('lugar para se sentar')		[a'sẽtu]
apreçar ('avaliar o preço')	**apressar** ('fazer algo mais rapidamente')		[apre'sah]
ascender ('subir') (*uso formal*)	**acender** ('colocar fogo em algo')		[a'sẽdeh]
caçar ('perseguir para matar ou prender; procurar')	**cassar** ('anular os direitos')		[ka'sah]
cela ('quarto pequeno em prisão ou convento')	**sela** ('assento de couro para colocar em cavalos etc.')		['sɛla]
censo demográfico ('dados de uma população')	**senso** (*ter bom senso*) ('percepção; juízo')		['sẽsu]
cessão ('ato de ceder, renunciar; desistência')	**seção** ('divisão')	**sessão** ('apresentação de filme ou peça de teatro'; 'reunião em assembleia ou congresso')	[se'sãʊ̃]

cesta ('objeto usado para carregar ou guardar coisas')	**sexta (sexta-feira)** ('dia da semana')	[ˈsesta]
cesto ('objeto usado para carregar ou guardar coisas')	**sexto** ('número ordinal: 6º')	[ˈsestu]
cinta ('faixa para apertar a cintura')	**sinta** ('1ª e 3ª p. do presente do subjuntivo do verbo *sentir*')	[ˈsĩta]
cinto ('peça de roupa para colocar na cintura')	**sinto** ('1ª p. do presente do verbo *sentir*')	[ˈsĩtu]
comprimento ('extensão, dimensão')	**cumprimento** ('ação de cumprimentar')	[kũpriˈmẽtu]
concerto ('apresentação pública de músicos')	**conserto** ('ação de consertar algo que está quebrado, rasgado etc.')	[kõˈsehtu]
descrição ('ação de descrever algo')	**discrição** ('qualidade de não chamar atenção, de ser discreto')	[dʒiskriˈsãʊ̃]
intercessão ('ação de interferir em favor de alguém')	**interseção** ('ação de cortar no meio')	[ĩtehseˈsãʊ̃]
noz ('fruto que se costuma comer no Natal, junto com amêndoas etc.')	**nós** ('pronome pessoal')	[nɔs / nɔɪs]
óleo ('substância líquida gordurosa usada para cozinhar, para tintas etc.')	**olho** ('1ª p. do presente do verbo *olhar*')	[ˈɔʎu]
osso ('parte dura do corpo humano e de animais')	**ouço** ('1ª p. do presente do verbo *ouvir*')	[ˈosu]
taxar ('cobrar imposto ou taxa')	**tachar** ('não aprovar')	[taˈʃah]
viagem (substantivo)	**viajem** (verbo)	[viˈaʒẽĩ]

1.10 ACENTOS

► São os seguintes os acentos e sinais gráficos empregados na escrita do PB:

SINAL	NOME	OBSERVAÇÕES	EXEMPLOS	
à	**acento grave** [a'sẽtu 'gravi]	Representa a **crase**, isto é, a junção da preposição *a* com o artigo feminino ou com os demonstrativos começados por A. ***Não indica a sílaba tônica!***	**à** **à**s **à**quele **à**queles **à**quela **à**quelas **à**quilo	[a] [as] [a'keli] [a'kelis] [a'kɛla] [a'kɛlas] [a'kilu]
á é í ó ú	**acento agudo** [a'sẽtu a'gudu]	***Indica a sílaba tônica.*** Quando aparece sobre *e* e *o*, indica também que a vogal é *aberta*.	arm**á**rio caf**é** pa**í**s **í**ntimo s**ó**lido **ú**nico	[ah'marıu] [ka'fɛ] [pa'is] ['ĩtʃimu] ['sɔlidu] ['ũniku]
â ê ô	**acento circunflexo** [a'sẽtu sihkũ'flɛksu]	Indica a sílaba tônica. Sobre *e* e *o*, indica também que a vogal é *fechada*.	c**â**mera l**â**mpada aut**ê**ntico p**ê**ssego metr**ô** **ô**nibus	['kãmera] ['lãpada] [aʊ'tẽtʃiku] ['pesegu] [me'tro] ['õnibus]
ã õ	**til** ['tiʊ]	Só é empregado sobre *a* e sobre os ditongos *ãe, ão* e *õe*, em *final de palavra*. Indica a *nasalidade* da vogal *a* ou do ditongo.	amanh**ã** órf**ã** sót**ão** uni**ão** mam**ãe** lim**õe**s	[amã'ɲã] ['ɔhfã] ['sɔtãʊ̃] [uni'ãʊ̃] ['mãmãĩ] [li'mõĩs]

► Algumas regras de acentuação (acentos agudo e circunflexo):

PALAVRAS COM MAIS DE UMA SÍLABA			
SÍLABA TÔNICA	**ACENTO**	**EXEMPLOS**	
Antepenúltima	Sem exceção.	p**á**lido mec**â**nico c**é**rebro f**í**sico c**ô**njuge **ú**mido	['palidu] [mɛ'kãniku] ['sɛrebru] [fi'ziku] ['kõʒuʒi] ['ũmidu]

Penúltima[11]	(1) Palavras terminadas em *-i(s)* ou *-u(s)*.	j**ú**ri l**á**pis t**ê**nis b**ô**nus	[ˈʒuri] [ˈlapis] [ˈtẽnis] [ˈbõnus]
	(2) Palavras terminadas em *-um, -uns*.	**á**lbum **á**lbuns qu**ó**rum	[ˈaʊbũ] [ˈaʊbũs] [ˈkʷɔrũ]
	(3) Palavras terminadas em *-ão(s), -ã(s)*.	b**ê**nção **í**mã **ó**rfãs **ó**rgão s**ó**tão	[ˈbẽsɐ̃ʊ̃] [ˈimɐ̃] [ˈɔhfɐ̃s] [ˈɔhgɐ̃ʊ̃] [ˈsɔtɐ̃ʊ̃]
	(4) Palavras terminadas em *ditongo oral* (no singular e no plural).	**á**rea c**ó**pias f**ê**mea g**ê**nio mist**é**rios	[ˈarɪa] [ˈkɔpɪas] [ˈfẽmɪa] [ˈʒẽnɪu] [misˈtɛrɪus]
	(5) Palavras terminadas em *-l, -n, -r, -x*.	am**á**vel **ú**til p**ó**len aç**ú**car t**ó**rax	[aˈmaveʊ] [ˈutʃiʊ] [ˈpɔlẽĩ] [aˈsukah] [ˈtɔraks]
	(6) Palavras que contêm *-i* ou *-u*, quando essas vogais formam uma sílaba sozinhas.	cu.**í**.ca pa.**í**.ses ra.**í**.zes ci.**ú**.me sa.**ú**.de	[kuˈika] [paˈizis] [haˈiziz] [siˈũmi] [saˈudʒi]
Última	(1) Palavras terminadas em *-a(s), -e(s), -o(s), -em, -ens*.	far**á** maracuj**á**s caf**é** voc**ê**s jacar**é**s av**ó** bisav**ô** tamb**é**m parab**é**ns	[faˈra] [marakuˈʒas] [kaˈfɛ] [voˈseɪs] [ʒakaˈrɛs] [aˈvɔ] [bizaˈvo] [tɐ̃ˈbẽĩ] [paraˈbẽĩs]
	(2) Palavras terminadas nos ditongos *-éi(s), -éu(s), -ói(s)*.	pap**éi**s chap**éu** trof**éu**s her**ói**	[paˈpɛɪs] [ʃaˈpɛʊ] [troˈfɛʊs] [eˈrɔɪ]
	(3) Palavras terminadas em *-i(s)* ou *-u(s)*, quando essas vogais formam uma sílaba sozinhas.	pa**í**s ca**í**[12] aça**í** ba**ú**	[paˈis] [kaˈi] [asaˈi] [baˈu]

[11] A grande maioria das palavras em PB tem a penúltima sílaba tônica. Por isso, a ortografia não prevê acento gráfico para essas palavras, exceto em casos específicos (seis regras).

[12] O acento permite distinguir, por exemplo, os verbos *cai* ['kaɪ] (3ª pessoa do singular do presente do indicativo de *cair*) e *caí* [ka'i](1ª p. sing. do perfeito de *cair*).

PALAVRAS COM UMA SÍLABA		
a tônico	d**á** h**á** j**á** v**á**	[da] [a] [ʒa] [va]
a nasal	f**ã** l**ã**	[fã] [lã]
e aberto	**é** f**é** p**é**	[ɛ] [fɛ] [pɛ]
e fechado	l**ê** m**ê**s tr**ê**s v**ê**	[le] [meɪs] [treɪs] [ve]
o aberto	d**ó** n**ó** n**ó**s s**ó**	[dɔ] [nɔ] [nɔɪs] [sɔ]
o fechado	p**ô**s x**ô**	[poɪs] [ʃo]

CAPÍTULO 2

Pronomes pessoais

► Existem formas diferentes para pronomes pessoais **sujeito**[1] e pronomes pessoais **objeto direto** e **indireto**.

► Apenas a 3ª pessoa tem formas nos gêneros masculino (*ele/eles*) e feminino (*ela/elas*).

► A 3ª pessoa do plural masculina *eles* pode incluir:

- apenas o gênero masculino:

  dois rapazes → eles

- os gêneros masculino e feminino:

  uma filha e um filho → eles

[1] As gramáticas chamam os pronomes pessoais sujeito de *pronomes retos* e os pronomes pessoais objeto direto e indireto de *pronomes oblíquos*.

▸ Já a forma feminina, ao contrário, indica exclusivamente o gênero feminino:

duas moças → elas

2.1 Pronomes sujeito

▸ São estes os pronomes sujeito do PB:

PESSOA	PRONOME SUJEITO
1ª p. sing.	eu
2ª p. sing.	você
	tu
	o senhor, a senhora
3ª p. sing.	ele, ela
1ª p. pl.	a gente
	nós
2ª p. pl.	vocês[2] os senhores, as senhoras
3ª p. pl.	eles, elas

▸ Usos

- O pronome sujeito não é obrigatório quando a forma verbal já indica a pessoa:

— Precis<u>o</u> da sua ajuda.
— Vie<u>mos</u> de táxi.

Mas há uma tendência a sempre empregar o pronome, principalmente quando a terminação do verbo não deixa claro quem é o sujeito:

Você/o senhor/ a senhora/ele/ela/a gente fal<u>a</u> inglês muito bem.

- **Você/tu**: o pronome *você* é usado com amigos, colegas de trabalho, membros da família, na escola, na universidade etc., ou seja, ocorre em praticamente todas as situações informais de fala e de escrita. Em algumas regiões, se usa *tu* e *você*. Nos lugares onde se em-

[2] A antiga forma *vós* não é mais usada no PB.

prega os dois pronomes, *tu* é mais informal e íntimo do que *você*. O pronome *você* é o mais empregado hoje no Brasil; é o que aparece no jornalismo, na publicidade e na comunicação oficial dos órgãos públicos com os cidadãos.

- **Você/cê**: *você*, na função de sujeito, costuma se reduzir a *cê* na fala espontânea (plural: *cês* [seɪs]). Essa forma aparece principalmente em perguntas:

  — *Cê* já sabe o que vai fazer nas férias?
  — *Cês* tão indo pra casa? Vou com vocês. (*tão* = *estão*)

- **O senhor/a senhora**: as formas *o senhor/a senhora* são empregadas apenas quando se fala com pessoas mais velhas, em sinal de respeito, ou como marca de formalidade:

  — É a primeira vez que *a senhora* se hospeda no nosso hotel?
  — Que número de sapato *o senhor* calça?

- **Os senhores/as senhoras → vocês**: O plural *os senhores/as senhoras* é de uso raro, geralmente em situações de muita formalidade. Na maior parte do tempo, o plural de *o senhor/a senhora* costuma ser *vocês*:

  — *O senhor* assina na primeira linha, *a senhora* na segunda. Hoje mesmo *vocês* vão receber a cópia do contrato de aluguel.

- **A gente/nós**: o pronome *a gente* é o mais empregado para indicar a 1ª pessoa do plural, mas é considerado mais informal do que *nós*. Na escrita e na fala formais, se evita *a gente*:

  — Ontem na festa *a gente* se divertiu muito.
  — *Nós* queremos ampliar nossas relações comerciais com diversos países africanos.

2.2 Pronomes objeto direto

▸ Os pronomes em função de objeto direto (OD) são[3]:

SUJEITO	OBJETO DIRETO
eu	me
você	te/você

[3] Objeto direto é o complemento de verbos sem preposição.

tu	te
o senhor **a senhora**	o senhor a senhora
ele **ela**	o/ele a/ela
a gente	a gente
nós	nos
vocês	vocês
os senhores **as senhoras**	os senhores as senhoras
eles, elas	as/eles os/elas

▶ Usos

- **Me, te, nos**: As formas *me, te* e *nos* são iguais para os objetos direto e indireto:

  — Antônio *me* convidou para trabalhar com ele. (OBJETO DIRETO – CONVIDAR ALGUÉM)
  — Sandra *me* telefonou ontem à noite. (OBJETO INDIRETO – TELEFONAR PARA ALGUÉM)

- **O senhor/a senhora**: como pronomes sujeito e objeto, *o senhor* e *a senhora* não mudam de forma:

  — Boa tarde! É um prazer conhecer *a senhora* pessoalmente.

- **Os senhores/as senhoras → vocês**: de uso raro, os pronomes objeto direto *os senhores/as senhoras* costumam ser substituídos por *vocês* |☛ 5.1|.
- **Você/te**: além da correspondência *você* → *você*, também é muito comum *você* → *te*:

  — Se *você* quiser ir pro show, eu *te* busco às 8h.
  — Se *você* quiser ir pro show, eu busco *você* às 8h.
  — Ontem eu *te* vi na rua, *te* chamei, mas *você* não me ouviu.

Na fala espontânea de algumas regiões, pode ocorrer o pronome *lhe* como objeto direto se referindo à 2ª pessoa:

— Se *você* quiser ir pro show, eu *lhe* busco às 8h. (= eu busco você)

- **Ele(s), ela(s) — o(s), a(s)**

Em textos formais, usa-se os pronomes *o/a/os/as*:

O hospital recebeu os novos equipamentos mas ainda não *os* instalou.

Na fala e na escrita informal, os brasileiros:

(i) usam as formas *ele/ela/eles/elas*:

— Vou deixar as janelas abertas. Antes de sair você fecha *elas*, tá?
— Você se lembra do Almeida? Pois é, encontrei *ele* ontem.

Nas orações imperativas, *ele/ela/eles/elas* são as formas mais usadas:

— Quando você terminar de ler o contrato, *deixa ele* na minha mesa, por favor.
— Sua sobrinha já chegou? *Traz ela* aqui amanhã pra almoçar com a gente.
— Essas bananas estão podres, *joga elas* no lixo!

(ii) não empregam nenhum pronome, o que é muito frequente:

— Eu não sei onde deixei meu celular. Já procurei [ ] pela casa toda, mas não consigo encontrar [ ]. Acho que esqueci [ ] no trabalho.
— Dizem que esse remédio é muito bom. Você já tomou [ ]?

- **O/a/os/as**: os pronomes *o/a/os/as* para se referir a *você/vocês* expressam muita formalidade, ocorrendo geralmente apenas com os infinitivos verbais, nas formas *-lo/-la/-los/-las*:

  — Prazer em conhecê-*lo*.
  — Foi muito bom encontrá-*la*.

- **A gente/nos**: a forma *nos* é muito pouco usada na fala, mas pode ocorrer em situações formais:

  — Solicitamos uma entrevista ao embaixador, mas ele ainda não *nos* respondeu.

Em função de objeto direto, se prefere *a gente*:

— Você pode levar *a gente* no seu carro?
— Júlia convidou *a gente* para almoçar na casa dela amanhã.

2.2.1 As formas *-lo(s)/-la(s), -no(s)/-na(s)*

▸ Em textos escritos formais, quando os pronomes *o/a/os/as* vêm depois de um verbo no infinitivo, o *-r* final desaparece e os pronomes adotam as seguintes formas:

- **o → -lo**: ganhá-*lo*; vendê-*lo*; abri-*lo*; compô-*lo*
- **a → -la**: procurá-*la*; fazê-*la*; preferi-*la*; atraí-*la*
- **os → -los**: ganhá-*los;* vendê-*los;* abri-*los;* compô-*los*
- **as → -las**: procurá-*las;* fazê-*las;* preferi-*las;* atraí-*las*

▸ Nessas combinações, a vogal final do infinitivo recebe acento gráfico:

- **o, e** → acento circunflexo: vend*ê*-lo; comp*ô*-la
- **a** → acento agudo: ganh*á*-lo; procur*á*-la
- **i** → acento agudo, somente quando ela vem depois de outra vogal e forma uma sílaba sozinha: atra*í*-la; distribu*í*-los

O terreno foi dividido em lotes. A imobiliária vai começar a vendê-*los* em março, mas já existem diversas pessoas interessadas em comprá-*los*.

▸ Na fala, o uso de *-lo* / *-la* / *-los* / *-las* é pouco comum, mas pode ocorrer em determinadas construções, como:

— Prazer em conhecê-lo. (= encontrar você/o senhor)
— Foi muito bom encontrá-la. (= encontrar você/a senhora)

▸ Em textos escritos formais, quando os pronomes *o*/*a*/*os*/*as* vêm depois de uma forma terminada em *-m*, esses pronomes adotam as seguintes formas:

- **o** → **-no**: ganharam-*no;* vendiam-*no;* abrissem-*no*
- **a** → **-na**: procuraram-*na;* faziam-*na;* preferiram-*na*
- **os** → **-nos**: ganharam-*nos;* vendiam-*nos;* abrissem-*nos*
- **as** → **-nas**: procuraram-*nas;* faziam-*nas;* preferiram-*nas*

Os investimentos da nossa empresa em inovação tecnológica *deixaram-na* em situação melhor que a das concorrentes diante da crise econômica.

▸ Em textos escritos formais, quando os pronomes *-lo(s)*/*-la(s)* e *-nos* estão depois de verbo na 1ª pessoa do plural (*nós*), o *-s* desaparece:

As negociações entre nossos países foram difíceis, mas *consideramo-las* finalmente satisfatórias para as duas partes.

2.3 Pronomes objeto indireto

▸ Há dois grupos de pronomes em função de objeto indireto[4]: os pronomes que aparecem depois da preposição que o verbo, o substantivo ou o adjetivo pede; e os pronomes usados sem preposição.

▸ Pronomes depois de preposição

PRONOMES SUJEITO	PREPOSIÇÃO + PRONOMES
eu	mim
tu	ti
você	você

[4] Objeto indireto é o complemento de verbos que pedem uma preposição.

o senhor, a senhora	o senhor, a senhora
ele, ela	ele, ela
a gente	a gente
nós	nós
vocês	vocês
eles, elas	eles, elas

▸ Com exceção de *mim* e *ti*, as outras formas são iguais aos pronomes sujeito:

— Vou trazer o contrato *para o senhor* assinar.
— Preciso falar *com você*.
— Rosa disse que a gente podia começar a reunião *sem ela*.

- **Você/ti**: a forma *você* é bem mais comum do que *ti*, que é de uso mais regional:

— Paulo mandou um abraço *pra você*.
— Paulo mandou um abraço *pra ti*.

Obs.: O pronome *si*, de 3ª pessoa, é raro no PB atual, por isso não está no quadro, mas ele ocorre em expressões como: *ser cheio de si* ('ser convencido, arrogante'), *cair em si* ('perceber algo'), *ficar fora de si* ('perder o controle; enfurecer-se').

▸ Pronomes sem preposição

SUJEITO	OBJETO INDIRETO SEM PREPOSIÇÃO
eu	me
tu	te
você	te/lhe
o senhor, a senhora **ele, ela**	lhe
a gente **nós**	nos
vocês **eles, elas**	lhes

▸ As formas *me, te* e *nos* são iguais para os objetos direto e indireto.

- **Você/te**: assim como nos pronomes objeto direto, também nos indiretos sem preposição, a correspondência *você* → *te* é muito comum no PB:

  — Sabe aquele dinheiro que *você* me emprestou semana passada? Amanhã vou *te* devolver.

- **Lhe**: como objeto indireto de 3ª pessoa (*ele/ela*), *lhe* só ocorre em textos escritos:

  A estudante que estiver interessada na bolsa de estudos deve comparecer à secretaria da faculdade, onde *lhe* serão entregues os formulários.

Atenção! Quando ocorre na fala, a forma *lhe* se refere sempre a *você*:
— *Você* conversou com seu pai? O que foi que ele *lhe* disse?
— *Você* acreditou mesmo no que Tânia *lhe* contou?

- **Lhes**: a forma plural *lhes* nunca ocorre na fala, somente em textos escritos:

  Muitos passageiros se queixaram de que a empresa aérea não *lhes* explicou o motivo do atraso do voo.

- **Nos/a gente**: a forma *nos* é muito pouco usada na fala. Assim como na função de objeto direto, na de objeto indireto se prefere *a gente*, que só aparece com preposição:

  — Por que você não explica seu problema *pra gente*? ('para a gente')

▸ Os pronomes objeto indireto sem preposição:

- costumam substituir o objeto indireto com as preposições *a/para* |☛ 11.1|:

  — Ana disse *pra mim* que... → Ana *me* disse que...
  — João entregou a chave *pra você*? → João *te* entregou a chave?/ João *lhe* entregou a chave?

- podem corresponder a outras construções:

  — Ele tocou no *meu ombro* → Ele *me* tocou no ombro.

▸ Na fala espontânea, o emprego do pronome sem preposição (especialmente *me*) pode dar ênfase ao que está sendo dito:

— Ele *me* saiu melhor do que a encomenda! (= 'ele superou minhas expectativas')
— Vê se não *me* chega atrasada da próxima vez, ok?

▸ Ao contrário do que acontece em outras línguas (português europeu, espanhol, francês e italiano, por exemplo), em PB não existem combinações de pronome objeto indireto + pronome objeto direto de 3ª pessoa.

► Quando o objeto direto de 3ª pessoa não é retomado por um pronome, o pronome objeto indireto basta:

— Que flores bonitas! Quem *te* [ ] deu?

— Cadê a tua impressora?
— Emprestei [ ] pro André. Ele ficou de *me* [ ] devolver amanhã.

2.3.1 Preposição *com* + pronome

► Quando a preposição é *com*, as formas *você(s)*, *ele(s)* e *ela(s)* permanecem iguais, mas os outros pronomes adotam as seguintes formas:

- **mim → comigo**:

  — Ela queria saber o que estava acontecendo *comigo*.

- **ti → contigo**:

  — A chave do meu carro tá *contigo*? (*tá* = *está*)
  — Oi, Flávio, tudo bem *contigo*?

- **si → consigo**:

  O ideal é a pessoa estar sempre em paz *consigo* mesma.

► De modo geral, na fala e em textos escritos menos formais, costuma-se empregar *com ele mesmo/ela mesma* ou *ele próprio/ela própria,* em lugar de *consigo*:

— Judite é o tipo de pessoa que só se preocupa *com ela mesma*.
O texto desta peça teatral é um monólogo do personagem *com ele próprio*.

- **nós → conosco** (a forma *conosco* é de uso muito raro na fala):

  Se você tiver dúvidas sobre nossos serviços, entre em contato *conosco* por telefone ou *e-mail*.

► A forma mais comum é *com a gente*:

Se você gosta de lidar com pessoas, venha trabalhar *com a gente*!

2.4 Posição dos pronomes objeto na oração

► Os pronomes *você/vocês, a gente, ele/ela/eles/elas, o senhor/a senhora* vêm sempre depois do verbo principal[5]:

---

[5] As gramáticas chamam de *próclise* quando o pronome vem antes do verbo principal e de *ênclise* quando vem depois do verbo principal.

— Professor, eu vi *o senhor* no shopping ontem.
— Você tem notícia da Janice? Faz tempo que não vejo *ela*.
— Onde vocês estavam? Procurei *vocês* por todo lugar.
— Tudo bem? Não tenho visto *vocês* ultimamente.

► Na fala brasileira contemporânea, os outros pronomes vêm antes do verbo principal:

SITUAÇÃO	EXEMPLO
No meio da frase	— A professora de filosofia *me* ensinou muitas coisas importantes.
No começo da frase	— *Te* encontro amanhã depois do almoço.
Entre auxiliar e infinitivo	— O ganhador do prêmio deve *nos* procurar nos próximos dias.
Entre auxiliar e particípio	— A situação política do Brasil tem *me* preocupado muito ultimamente.
Entre auxiliar e gerúndio	— Finalmente! Estava *te* esperando há um tempão.
Antes de imperativo	— *Me* explica melhor essa história!

► Para a escrita formal, as gramáticas normativas prescrevem algumas regras de colocação dos pronomes:

- No começo da frase, deve-se colocar o pronome objeto depois do verbo:

  O ministro não quis falar com os jornalistas. *Perguntaram-lhe* se ia pedir demissão, mas ele permaneceu mudo.

- Quando o verbo se encontra no futuro simples ou no condicional, o pronome deve vir no meio da forma verbal, mas isso é muito pouco comum no PB, mesmo em textos formais:

  Considerar-se-á eliminado o candidato que não comparecer a todas as etapas do concurso.
  Esperar-se-ia mais preocupação das autoridades com relação ao meio ambiente.

► Na língua falada, nunca se coloca o pronome no meio do verbo e, mesmo na escrita, as pessoas tendem a evitar essa colocação porque soa pouco natural[6].

[6] Essa colocação do pronome no meio do verbo se chama *mesóclise*.

- Quando os pronomes se encontram no meio ou depois do verbo, emprega-se um hífen: *perguntaram-lhe; dever-se-ia etc.*
- Quando ocorre um auxiliar mais um infinitivo, pode se empregar o hífen, mas é mais habitual não empregá-lo:

  A diretoria da empresa *deve-se reunir* ainda hoje.
  A diretoria da empresa *deve se reunir* ainda hoje.

2.5 Mandar, fazer, sentir... + infinitivo/gerúndio

► Com verbos como *mandar, fazer, sentir, deixar, ouvir, ver, esperar*, entre outros, seguidos de infinitivo ou de gerúndio, normalmente se emprega os pronomes sujeito *eu, você, tu, a gente, ele/ela/eles/elas*:

— Coitado do Augusto! O chefe mandou *ele* refazer todo o relatório!
— Espera *eu* terminar de escrever esse *e-mail* e já falo com você.
— Deixa *eu* ver como ficou o vestido em você!

► Em textos escritos formais, no entanto, ocorrem os pronomes objeto direto *me, te, o/a, nos, os/as*:

Os manifestantes tiveram de interromper a marcha porque a polícia não *os deixou* prosseguir.

► A locução imperativa muito comum *deixa eu ver* é pronunciada *dexovê* [deʃo've] ou *xovê* [ʃo've].

► No modo imperativo, as construções mais frequentes são:

— *Me* deixa entrar, por favor!
— Deixa *eu* entrar, por favor!

► As construções do tipo *Deixe-me entrar!* soam artificiais para os brasileiros.

CAPÍTULO 3

Verbos

3.1 As três conjugações

► Os verbos variam muito de forma por causa das terminações que eles podem apresentar. Essas terminações marcam o *modo* (indicativo, subjuntivo e imperativo), o *tempo* (presente, perfeito, mais-que-perfeito, futuro etc.) e a *pessoa* no singular e no plural. A forma do infinitivo determina a conjugação do verbo.

Existem três conjugações verbais :

- 1ª conjugação → **-ar**: *andar, amar, brincar, cantar, falar...*
- 2ª conjugação → **-er:** *comer, correr, escrever, ler...*
- 3ª conjugação → **-ir:** *abrir, partir, sair...*

► O verbo *pôr,* assim como *depor, compor, supor* etc., faz parte da 2ª conjugação |☛ Anexo I|.

► Os modelos de conjugação se aplicam aos verbos *regulares.* No caso dos *irregulares,* que não seguem o padrão, como *ser, estar, fazer, saber, vir* etc., é preciso aprender as terminações de cada verbo |☛ Anexo I|.

3.2 *Ter* e *haver*

▶ Os verbos *ter* e *haver* podem funcionar como *verbos auxiliares* na formação de alguns tempos verbais compostos, ou como verbos principais.

▶ É importante lembrar que a forma de 3ª pessoa *tem* é usada no singular; no plural, recebe um acento circunflexo, *têm*:

Ela sempre *tem* pressa.
Elas sempre *têm* pressa.

3.2.1 *Ter* e *haver* como verbos auxiliares

▶ Como auxiliares, os verbos *ter* e *haver* formam os tempos compostos, mas o verbo *ter* é praticamente o único utilizado na fala espontânea:

- **Mais-que-perfeito composto** (indicativo):

— Quando eu cheguei, a reunião já *tinha* começado.

▶ Em textos escritos formais, pode se usar o verbo *haver*:

A fábrica não conseguiu entregar a tempo todas as encomendas que *havia recebido* do governo estadual.

▶ Como auxiliar, *haver* quase só é usado para formar o mais-que-perfeito composto do indicativo.

- **Condicional composto** (indicativo):

— Se não fosse por causa da Leila, eu nunca *teria participado* desse projeto.

▶ É comum, neste caso, empregar o imperfeito do verbo *ter* (*tinha partipado*) ou o imperfeito do verbo *ir* + *ter* (*eu nunca ia ter participado*).

- **Futuro composto** (indicativo):

— Quando eu chegar em casa, acho que você já *terá ido* pro aeroporto.

▶ É mais comum, neste caso, usar o futuro formado com o verbo *ir*:

— Quando eu chegar em casa, acho que você já *vai ter ido* pro aeroporto.

- **Perfeito composto** (indicativo):

— Você *tem visto* a Isabel?
— Não, ela se mudou pra Berlim há três meses.

- **Perfeito** (subjuntivo):

— Espero que você *tenha conseguido* o emprego.

- **Mais-que-perfeito** (subjuntivo):

— Se eu *tivesse conseguido* juntar dinheiro, hoje eu poderia comprar um apartamento maior.

- **Futuro composto** (subjuntivo):

  — Me avise quando você *tiver chegado*, por favor.

3.2.2 *Ter* e *haver* como verbos principais

► Usa-se *tem/há*, sem sujeito[1], sempre na 3ª pessoa do singular, para expressar que algo existe, acontece etc. Na fala habitual, o verbo *ter* é o mais usado:

— No restaurante japonês só *tem* 15 mesas. Precisamos reservar uma.
— Oi, Paulo, hoje não *tem* aula?
Ainda *tem* muitas famílias vivendo com um salário mínimo.

► O verbo *haver* costuma ocorrer em textos escritos formais:

Até o momento não *há* informações sobre o acidente, nem se *houve* feridos.

► A construção *ter/fazer/haver* + expressão de tempo indica um período que se passou (*ter* e *fazer* são mais frequentes). O verbo fica sempre na 3ª pessoa do singular e, quando a construção temporal está no início da oração, é preciso acrescentar *que*:

► Com *faz/tem/há*, o verbo da outra oração pode ficar no presente, presente contínuo ou no perfeito.

- Com o verbo no presente ou no presente contínuo, a ação começa no passado e continua até o momento presente:

  — Você trabalha nessa empresa *há quanto tempo*?
  — *Há* 10 anos.

  — Faz quanto tempo que você *está esperando* o ônibus?
  — Meia hora.

  — Milena e Paulo *tão namorando* faz dois anos.

- Com o verbo no perfeito, a ação não continua até o presente; é comum a combinação com *atrás* (*atrás* pode ocorrer sozinho):

  — *Faz quanto tempo que* você chegou ao Brasil?
  — *Faz* um mês.

  — Eu me mudei para Manaus *há* trinta anos *atrás*.
  — Eu me mudei para Manaus trinta anos *atrás*.

- Com *fazia* e *tinha*, o verbo da outra oração também fica no imperfeito:

  — *Fazia muito tempo que* eu não *tomava* um vinho tão bom.

  — *Fazia quanto tempo que* você *trabalhava* naquela escola?
  — Eu trabalhava lá *tinha 20 anos*.

---

[1] As gramáticas brasileiras chamam esses verbos de *impessoais*.

- Nas frases com o verbo no imperfeito + *haver*, o verbo *haver* pode ficar no presente ou no imperfeito:

  A cantora finalmente venceu a doença contra a qual lutava *havia* cinco anos.
  A cantora finalmente venceu a doença contra a qual lutava há cinco anos.

3.3 TEMPOS DO MODO INDICATIVO

▸ O modo indicativo apresenta os seguintes tempos:

MODO	TEMPOS	EXEMPLO
INDICATIVO	**PRESENTE**	
	presente presente contínuo	você **fala** você **está falando**
	PASSADO	
	perfeito perfeito composto	você **falou** você **tem falado**
	imperfeito imperfeito contínuo	você **falava** você **estava falando**
	mais-que-perfeito simples mais-que-perfeito composto	você **falara** você **tinha falado**
	FUTURO	
	futuro simples futuro com ir futuro composto	você **falará** você **vai falar** você **terá falado/** você **vai ter falado**
	condicional condicional composto	você **falaria** você **teria falado / ia ter falado**

3.3.1 Presente

▸ Presente de verbos regulares

	FAL-AR	COM-ER	PART-IR
eu	fal-**o**	com-**o**	part-**o**
tu*	fal-**as**	com-**es**	part-**es**

você o senhor a senhora ele ela a gente	fal-**a**	com-**e**	part-**e**
nós	fal-**amos**	com-**emos**	part-**imos**
vocês eles elas	fal-**am**	com-**em**	part-**em**

(*) Na maioria dos lugares onde se usa *tu*, o verbo tem a mesma forma usada com *você*: *tu fala, tu come, tu parte.*

PRONÚNCIA: apenas na 1ª pessoa do plural a sílaba tônica está na vogal da terminação: *falamos, comemos, partimos*; nas outras pessoas, está na sílaba inicial.

► O presente indica:

- ações, eventos ou estados em geral que não ocorrem em um momento específico:

  O rio Amazonas *percorre* 6.992 km até chegar ao oceano.
  Em Brasília praticamente não *chove* durante seis meses seguidos.
  — Meu nome *é* Daniel, *sou* brasileiro, mas meu pai *é* espanhol e *mora* em Barcelona.
  — Eu *toco* violão e *gosto* de bossa-nova.
  O Brasil *ocupa* a maior parte do continente sul-americano.

- hábitos ou rotinas:

  — Todo dia de manhã eu *corro* quatro quilômetros.
  — O que você *faz* nos finais de semana?
  — Antes de me deitar, eu sempre *tomo* uma taça de vinho.

- ações, eventos ou estados futuros:

  — Amanhã *é* meu aniversário.
  — Sérgio *volta* de viagem sexta-feira.
  — Na próxima semana *começa* o verão.

- ações, eventos ou estados que começaram no passado e continuam até o momento presente:

  (i) com a construção *faz/tem/há* + expressão de tempo |☛ 3.2.2|:

  — Você *mora* em Natal faz quanto tempo?
  — Eu *moro* lá faz dois anos.

— Tem muito tempo que você *estuda* português?
— Tem um ano que eu *estudo* português.

(ii) com a preposição *desde*, que marca o momento de início de um período que começou no passado (quando *desde* vem no começo, é preciso usar *que*):

— Desde quando você *mora* em Natal?
— Eu *moro* lá desde 2017./Desde 2017 que eu *moro* lá.

— Faz muito tempo que você *estuda* português?
— Eu *estudo* português desde o ano passado./Desde o ano passado que eu *estudo* português.

(iii) histórias e narrações no passado, especialmente na escrita:

Quando *chegam* ao Brasil, os exploradores portugueses *encontram* dezenas de povos indígenas que *vivem* ao longo de toda a costa.

▸ Com o verbo *estar*, o momento é o presente:

— Hoje eu *tô* muito cansada.

3.3.2 Presente contínuo

▸ O presente contínuo se constrói com o presente do verbo *estar* + o gerúndio do verbo principal:

estou, estás, está, estamos, estão + verbo em *-ando, -endo, -indo* (gerúndio)

O presente contínuo indica ações, eventos ou estados:

- que ocorrem no momento em que a pessoa fala:

  — Não vou sair de casa agora, *tá chovendo* forte.
  — Por que será que o cachorro da vizinha *tá latindo* tanto?
  — Não faça muito barulho porque o João *tá dormindo*.

- que vão acontecer num futuro próximo:

  — Amanhã eu *tô me mudando* pro meu apartamento novo.
  — Não vou me atrasar. Daqui a pouco eu *tô saindo*.

- que são frequentes ou que duram por um certo período:

  — Marcelo *tá viajando* muito esse ano.
  — Eu *tô estudando* italiano desde o ano passado.
  — A Rita *tá chegando* atrasada todo dia!

- que se iniciaram no passado e continuam até o presente, em combinação com a construção *faz/tem/há* + expressão de tempo |☛ 3.2.2|:

— *Estamos trabalhando* nesse projeto faz um mês.

3.3.3 Perfeito

► Perfeito de verbos regulares

	FAL-AR	**COM-ER**	**PART-IR**
eu	fal–**ei**	com–**i**	part–**i**
tu*	fal–**aste**	com–**este**	part–**iste**
você o senhor a senhora ele, ela a gente	fal–**ou**	com–**eu**	part–**iu**
nós**	fal–**amos**	com–**emos**	part–**imos**
vocês eles elas	fal–**aram**	com–**eram**	part–**iram**

(*) Na maioria dos lugares onde se usa *tu*, a forma do verbo é igual à de *você*: *tu falou, tu comeu, tu partiu.*
(**) As formas verbais de *nós* no presente e no perfeito são idênticas nos verbos regulares.

► O perfeito indica ação, evento ou estado concluído no passado. É frequente o emprego de advérbios ou locuções adverbiais para marcar o momento, como *ontem, hoje de manhã, no ano passado, semana passada, faz um mês* etc. *(faz/tem/há* + expressão de tempo |☛ 3.2.2|):

— Ontem eu *jantei* num restaurante italiano muito bom.
— No último final de semana, *fez* 4 graus em São Paulo.
— Hoje de manhã eu só *tomei* uma xícara de café.

— Você continua fumando?
— Não, *parei* de fumar tem um ano.

► Na pergunta se usa *quando*:

— Quando você *chegou* de viagem?
— *Cheguei* anteontem.

▸ É possível usar o perfeito sem dizer exatamente quando a ação, o evento ou o estado aconteceu. Nesse caso, costuma-se combinar com *já, ainda não, nunca, sempre, alguma vez* etc.:

— Você já *tomou* suco de cajá alguma vez?
— Já. É uma delícia!

— Você já *foi* à Bahia?
— Ainda não, mas um dia eu vou.

— Você ainda não *terminou* a graduação?
— Já, *terminei* faz dois anos.

— Você nunca *andou* de metrô?
— Nunca.

— Seus pais nunca te *ajudaram*?
— Claro que sim, eles sempre me *ajudaram*.

▸ O perfeito também pode expressar uma ação que durou um determinado período no passado, mas é preciso dizer a duração. Nesses casos, geralmente se emprega o verbo *ficar* no perfeito seguido do gerúndio:

— Hoje eu *esperei* meia hora na fila do banco.
— Por causa do mau tempo, *fiquei* horas *esperando* a chegada do meu voo.
— Ontem a gente *ficou trabalhando* até meia-noite!

▸ É comum usar o perfeito para expressar ou perguntar a opinião de alguém:

— O que você *achou* da festa?
— Adorei.

— Será que Carlos *gostou* de trabalhar com Luísa?
— Ele me disse que gostou muito.

3.3.4 Perfeito composto

O perfeito composto se constrói com o verbo *ter* no presente + o particípio do verbo principal:

tenho, tens, tem, temos, têm + verbo em *-ado, -ido* (particípio)

▸ O perfeito composto indica ação ou evento que se iniciou no passado e prossegue até o presente, com ideia de continuação ou repetição. Costuma vir acompanhado de expressões, como *ultimamente, nos últimos dias/meses...*:

— Eu *tenho ido* pouco ao cinema este ano.

passado → presente

— E aí, o que você *tem feito* nesses últimos dias?
— Meu avô *tem estado* bastante doente ultimamente!

► Para marcar o início da ação ou evento, costuma-se usar *desde* ou *desde que* + perfeito:

— A senhora *tem tomado* os remédios regularmente desde a cirurgia?
— Desde a semana passada *tem chovido* sem parar.
— Desde que eu entrei de férias, *tenho ido* à praia quase todo dia.

3.3.5 Imperfeito

► Imperfeito de verbos regulares

	FAL-AR	COM-ER	PART-IR
eu	fal-**ava**	com-**ia**	part-**ia**
tu*	fal-**avas**	com-**ias**	part-**ias**
você o senhor a senhora ele ela a gente	fal-**ava**	com-**ia**	part-**ia**
nós	fal-**ávamos**	com-**íamos**	part-**íamos**
vocês eles elas	fal-**avam**	com-**iam**	part-**iam**

(*) *Tu*: na maioria dos lugares onde se usa *tu*, a forma do verbo é a mesma de *você*: *tu falava, tu comia, tu partia*.

► O imperfeito expressa:

- ações, eventos, estados que foram permanentes por um determinado período no passado (duração):

— Quando eu *era* criança, *adorava* passar as férias na casa da minha avó.
— Quando eu nasci, a capital do Brasil ainda *era* o Rio de Janeiro.
— A casa em que a gente *morava* na infância não existe mais.

- ações, eventos, estados habituais do passado (repetição):

  — Antigamente eu *ia* ao cinema toda semana.
  — Toda noite minha mãe *cantava* pra eu dormir e eu sempre *queria* ouvir a mesma cantiga.
  — A gente *tinha* aula particular de inglês três vezes por semana.

- ações ou eventos que aconteceram ao mesmo tempo que outros (simultaneidade):

  — Meu pai *tinha* o hábito de cantar enquanto *tomava* banho.
  — Eu *fazia* natação e a minha filha *estudava* espanhol no mesmo horário.

- descrições de pessoas ou lugares no passado, usadas para criar um ambiente para as ações, especialmente em textos literários:

  O quintal da casa *tinha* muitas árvores, *era* um lugar tranquilo, bom para descansar.

- a idade (no passado):

  — O Artur *tinha* 15 anos quando a família se mudou pra cá.

- as horas (no passado):

  — Eu me arrumei rápido porque já *eram* três horas e eu tava atrasada.

▸ Com o verbo *querer*, expressa pedidos ou desejos |☛ 3.3.12|:

— Eu *queria* um litro de leite e quatro pães, por favor.
— Eu *queria* muito conhecer o Japão.

Obs.: Diferentemente do presente (*eu quero*), pedidos no imperfeito expressam polidez.

▸ O imperfeito também é usado para expressar uma hipótese irreal no presente |☛ 13.9.1|:

— Se não fosse tão caro, eu viajava pro Nordeste todo ano.

3.3.6 Imperfeito contínuo

▸ O imperfeito contínuo se forma com o verbo *estar* no imperfeito + o gerúndio do verbo principal:

estava, estavas, estava, estávamos, estavam
+
verbo em *-ando, -endo, -indo*
(gerúndio)

▸ O imperfeito contínuo expressa ação, evento ou estado em andamento no passado:

— Ontem eu *tava me sentindo* muito cansada, por isso preferi ficar em casa.
— A gente *tava* só *esperando* você chegar para começar a comer.

▸ Combinado com o perfeito simples, o imperfeito contínuo expressa ações, eventos ou estados em andamento no passado, no momento em que outra ação ocorreu:

— Eu *estava vendo* televisão quando a Madalena *chegou*.
— Paulo *estava trabalhando* nos Correios, mas *pediu* demissão.
— Eu *estava voltando* pra casa quando *começou* a chover.

3.3.7 Imperfeito e perfeito

▸ Enquanto o perfeito costuma vir relacionado a expressões de tempo, marcando o início ou o término de ações, eventos ou estados, o imperfeito costuma expressar duração ou repetição no passado:

— Ontem *fui* à praia com uns amigos.
— Quando eu *era* criança, sempre *ia* à praia nas férias e *ficava* horas dentro d'água.

▸ O imperfeito ou o imperfeito contínuo podem ser usados junto com o perfeito, que marca uma ação pontual. De modo geral, no imperfeito contínuo vem geralmente a ação ou o evento, e no imperfeito vem o estado:

— Eu *estava jantando* quando a Mônica *telefonou*.
— A festa já *estava acontecendo* quando *começou* a chover forte.
— Brasília já *era* a capital do Brasil quando eu *nasci*.

3.3.8 Mais-que-perfeito simples

▸ As formas do mais-que-perfeito simples (*falara, comera, partira*) são de emprego muito raro e só aparecem em textos escritos formais ou literários.

▸ Existem algumas expressões com o mais-que-perfeito simples que funcionam como interjeições:

— *Tomara* que o inverno esse ano não seja frio demais! (= *desejo*)
— *Quem me dera* saber falar espanhol como você! (= *desejo*)
— Tô com muito sono! Também, *pudera*, acordei antes das seis da manhã! (= *não causa surpresa; era de se esperar*)

▸ A forma *quisera* pode ser usada para expressar um desejo não realizado, mas é de uso raro atualmente:

— *Quisera* eu morar perto da praia!

▸ Em linguagem formal, a forma *fora* (com [o] fechado) pode ser usada no lugar do imperfeito do subjuntivo *fosse*:

Não *fora* a pressão internacional, o governo não se preocuparia tanto com as queimadas na Amazônia.

3.3.9 Mais-que-perfeito composto

► O mais-que-perfeito composto se forma com o imperfeito de *ter* ou *haver* + o particípio do verbo principal:

tinha, tinhas, tinha, tínhamos, tinham
ou
havia, havias, havia, havíamos, haviam
+
verbo em *-ado, -ido*
(particípio)

► O mais-que-perfeito composto é usado para indicar que uma ação (evento ou estado) ocorreu antes de outra, as duas no passado.

Na fala diária e em vários textos escritos, a forma mais frequente do mais-que-perfeito composto usa o auxiliar *ter*:

— Quando eu telefonei pro Marcelo, ele já tinha saído de casa.

► O auxiliar *haver* é usado geralmente em textos escritos formais:

No final do ano passado, o prefeito já *havia declarado* que não se candidataria à reeleição.

► Na fala espontânea, o mais-que-perfeito composto substitui o condicional composto na formulação de hipóteses irreais no passado |☛ 13.9|:

— Se ele tivesse acertado aquele pênalti, o time *tinha sido* campeão.
— Se ele tivesse acertado aquele pênalti, o time *teria sido* campeão. (condicional composto)

► O mais-que-perfeito composto é um dos tempos usados no discurso indireto |☛ 13.11|:

— Janete disse que *tinha gostado* muito desse filme.

3.3.10 Futuro com *ir*, futuro simples

- Futuro com ir

vou, vais, vai, vamos, vão
+
infinitivo

▸ A fórmula *ir* + infinitivo expressa ações, intenções ou planos para o futuro. Esse tempo é o mais empregado na fala espontânea:

— Parece que *vai chover*.
— Ainda não sei quanto tempo *vou passar* em São Paulo.

▸ Normalmente se evita essa construção com os verbos *ir* e *vir*. Para a expressão do futuro com esses verbos, se usa geralmente o presente:

— A gente *vai* ao cinema hoje à noite, você quer ir junto?
— Paulo disse que só *vem* pra casa depois das oito.

- Futuro simples

▸ De modo geral, na fala cotidiana o futuro simples (*fala-/come-/parti-* + *-rei, -rás, -rá, -remos, -rão* |☛ Anexo I) é raramente usado, sendo substituído pelo futuro com **ir**, mas ocorre em textos formais:

Este ano as aulas na universidade *começarão* no dia 14 de março.

▸ Alguns empregos especiais do futuro simples:

- O futuro simples costuma ser usado para indicar dúvida ou incerteza, especialmente a forma *será [que]*, muito empregada em perguntas:

  — Onde *será* que deixei as chaves do carro?
  — *Será* que você podia me emprestar seu carro até amanhã?
  — Por onde *andará* o Roberto, meu antigo professor de italiano?

  — Dizem que o preço da gasolina vai aumentar de novo.
  — *Será*?

- Para expressar indignação ou impaciência, é comum usar a fórmula *será possível*, também em frases interrogativas:

  — *Será possível* que nenhum de vocês vai conseguir cumprir o prazo?

- A expressão *que dirá* pode equivaler a 'menos ainda' ou 'mais ainda', quando usada em comparações:

  — Eu mal consigo ler um artigo na tela do computador, *que dirá* um livro de 200 páginas. ('menos ainda')
  — Você não tem dinheiro nem pra comprar um carro, *que dirá* uma casa. ('menos ainda')
  — Você já sente frio no inverno de São Paulo, *que dirá* quando estiver em Berlim. ('mais ainda')

3.3.11 Futuro composto

▸ Formação do futuro composto:

vou, vais, vai, vamos, vão + ter
ou
terei, terás, terá, teremos, terão
+
verbo em *-ado, -ido*
(particípio)

▸ O futuro composto com as formas do verbo *ter* ocorre na escrita formal. Na fala, é comum *ir + ter*:

— Até o final do ano, eu *vou ter conseguido* juntar dinheiro para comprar um carro novo.

A construtora acredita que *terá concluído* as obras até o final do mês.

▸ O futuro composto expressa:

- uma ação concluída no futuro:

  — Até domingo já *vamos ter levado* todos os móveis para a casa nova.
  Em cinco anos, muita gente *terá feito* grande parte de suas compras pela internet.

- uma ação concluída que ocorreu antes de outra no futuro:

  — Quando você chegar em casa, eu já *vou ter saído*.

3.3.12 Condicional

- Formação do condicional[2]

▸ Infinitivo + terminações do imperfeito dos verbos regulares de segunda (*-er*) e terceira (*-ir*) conjugações:

	FAL-AR	**COM-ER**	**PART-IR**
eu	falar-**ia**	comer-**ia**	partir-**ia**
tu*	falar-**ias**	comer-**ias**	partir-**ias**
você o senhor a senhora ele ela a gente	falar-**ia**	comer-**ia**	partir-**ia**
nós	falar-**íamos**	comer-**íamos**	partir-**íamos**

[2] Nas gramáticas brasileiras, o condicional é chamado de *futuro do pretérito.*

vocês eles elas	falar-**iam**	comer-**iam**	partir-**iam**

(*) *Tu:* a depender da região, não se pronuncia o *-s* final.

▸ O condicional expressa:

- pedidos ou desejos, de forma polida:

— Você *poderia* abrir a janela, por favor?
— Eu *gostaria* que a senhora preenchesse esse formulário antes da consulta.

OBS.: Com o verbo *querer*, se usa o imperfeito *queria, queriam...*:

— Eu *queria* que você abrisse um pouco a janela, por favor.

- conselhos, sugestões:

— No seu lugar, eu *aceitaria* essa proposta de trabalho.
— Você *deveria* comer menos açúcar!

- hipóteses (☛ 13.8.1):

— Se eu tivesse dinheiro, *trocaria* de carro; o meu tá muito velho.
— Se você pudesse viajar hoje mesmo, para onde *iria*?

▸ O condicional também é usado para indicar algo que se passou no futuro com relação a um momento anterior:

Apesar do grande sucesso de seu primeiro romance, a autora só *publicaria* outro livro dez anos depois.

▸ A expressão *quem diria* revela surpresa ou algo imprevisto:

— Laura se mudou de repente para Salvador sem avisar ninguém...
— Pois é, *quem diria*, né?

— *Quem diria* que em 2022 aconteceria uma guerra na Europa...

3.3.13 Imperfeito e condicional

▸ No PB atual, é comum ocorrer o *imperfeito* em lugar do condicional, especialmente na fala espontânea, em diferentes contextos:

- hipóteses |☛ 13.9.1|:

— Se eu tivesse dinheiro, *trocava* de carro; o meu está muito velho.
— Se você pudesse viajar hoje mesmo, para onde *ia*?

- desejos, pedidos:

— Simone, você *podia* me ajudar a organizar essas caixas?
— Eu *queria* ter mais tempo para praticar esporte.
— Será que *dava* pra você me emprestar seu carro amanhã?

▸ Com o verbo *gostar*, se emprega sempre o condicional:

— Eu *gostaria* de falar com o gerente da loja, por favor.
— Os alunos *gostariam* de publicar seus trabalhos no *site* da escola.
— Bem que a gente *gostaria* de morar numa rua mais sossegada.

- conselho, sugestão:

A educação *devia* receber mais investimento do governo.
— Você *devia* usar menos sal na comida.

▸ No caso de uma informação dada por outra pessoa ou instituição, emprega-se o condicional para indicar que não se tem certeza, e o imperfeito, quando há maior grau de certeza. Isso ocorre principalmente em textos técnico-científicos e de jornais e revistas:

<u>Segundo a imprensa</u>, cerca de 600 pessoas *estariam* no local quando houve a explosão. (suposição, estimativa)
<u>Segundo a polícia</u>, ao menos mil pessoas *estavam* presentes na manifestação. (certeza, fato verificado)

▸ O condicional e o imperfeito são tempos usados no discurso indireto |☛ 13.11|:

— Eu devolvo seu casaco amanhã.

— Ele <u>disse que</u> *devolveria* meu casaco amanhã.
— Ele <u>disse que</u> *devolvia* meu casaco amanhã.

▸ Na fala corrente, o condicional simples é muitas vezes substituído por *ir* no imperfeito + infinitivo:

— Dora *ia chegar* mais cedo, mas o voo dela atrasou. (*chegaria*)
— Bem que a gente *ia gostar* de morar numa casa mais espaçosa. (*gostaria*)
— Nem imagino como eu *ia reagir* numa situação dessas! (*reagiria*)
— Ele disse que *ia devolver* o casaco amanhã. (*devolveria*)

3.3.14 Condicional composto

▸ Formação do condicional composto:

Teria, terias, teria, teríamos, teriam + verbo em *-ado, -ido* (particípio)

▸ O condicional composto costuma ser usado em:

- hipóteses irreais no passado |☛ 13.9.1|:

Se não tivesse havido tantos atrasos, a reforma do viaduto já *teria acabado*.
— Se você tivesse chegado na hora marcada, não *teria perdido* o início do jogo.

- críticas de situações ou atitudes:

— No seu lugar, eu *teria respondido* com mais firmeza.

► Na fala espontânea, o condicional composto costuma ser substituído pelo mais-que-perfeito composto (assim como o condicional pode ser substituído pelo imperfeito):

— Se você tivesse chegado na hora marcada, não *tinha perdido* o início do jogo.
— No seu lugar, eu *tinha respondido* com mais firmeza.

3.4 Tempos do modo subjuntivo

► O modo subjuntivo apresenta os seguintes tempos:

Presente	**(que/caso) você fale**
perfeito	**(que/caso) você tenha falado**
Imperfeito	**(que/se/caso) você falasse**
Mais-que-perfeito	**(que/se/caso) você tivesse falado**
Futuro	**(quando/se) você falar**
Futuro composto	**(quando/se) você tiver falado**

► Todos os tempos do subjuntivo são normalmente empregados em PB, inclusive na fala espontânea.

O subjuntivo é usado com *se* ou *caso* em hipóteses |☛ 13.9.1|.

► Quando a oração principal expressa noções como possibilidade, desejo, dúvida, conselho etc., ocorrem os tempos do subjuntivo na outra oração. *Talvez* e *tomara que* também exigem o subjuntivo:

Noção	
Possibilidade	Talvez
	Pode ser que
	É provável que
	É possível/impossível que
	É difícil que
Desejo	Eu quero/desejo/espero/prefiro que
	Tomara que

Dúvida, opinião	Eu duvido que
	Eu não acho que
	Eu não acredito que
Obrigação, necessidade	É preciso/necessário/obrigatório que
Conselho	É bom/melhor que
	Eu recomendo/sugiro/aconselho que É conveniente que Convém que
Ordem	Eu ordeno/determino/exijo que
Proibição	Eu proíbo que
Pedido	Eu peço/insisto que
Importância	É importante/fundamental/essencial que
Sentimento	Eu sinto muito que
	É uma pena que É lamentável que Eu lamento que
Preferência	Eu prefiro que

► O subjuntivo também é empregado depois de algumas conjunções ou locuções |☛ 13.8|:

Noção	
Tempo	Antes que
	Até que
Concessão	Embora
	Mesmo que
	Ainda que Nem que
Condição	Se/caso
	Desde que
	Contanto que
	A menos que
	A não ser que
	Sem que
Finalidade	Para que
	A fim de que

▸ Sequência temporal: o tempo do subjuntivo depende do tempo verbal da oração principal |☛ 3.4.1-3.4.6|. No caso de *talvez, tomara, mesmo que, ainda que* etc., depende do contexto.

▸ Também se usa o subjuntivo com as expressões:

- *qualquer* [*pessoa/lugar/coisa/tempo...*] + *que*:

— Qualquer pessoa que *tenha* interesse e *se esforce* pode aprender a tocar um instrumento.
— Pedro conquista a simpatia das pessoas em qualquer lugar que ele *chegue*.
— Você pode me ligar a qualquer hora que *quiser*.
— Qualquer que *seja* o salário, esse emprego não me interessa.

- [*a*]*onde quer que*:

— Me mande notícias da sua viagem, onde quer que você *esteja*.

- *quem quer que*:

— Você pode entregar o documento a quem quer que *esteja* na recepção.

- *por mais/menos que*:

— Por mais que eu *tente*, não consigo entender certas atitudes da Jacira.
— Por menos que você *goste* do Geraldo, tem que reconhecer que ele é competente.

- *por mais* + adjetivo/advérbio + *que*:

— Por mais frio que *fizesse*, Lúcia não deixava de sair com o cachorro.
— Por mais longe que você *more*, eu faço questão de te levar de carro até lá.

- *por maior/menor/melhor/pior* + *que*:

— Por maior que *seja* meu interesse em alugar a casa, meu salário não permite.
— Por pior que *sejam* as condições da estrada, dá pra gente ir devagar.

3.4.1 Presente

▸ Presente do subjuntivo de verbos regulares:

	FAL-AR	COM-ER	PART-IR
eu	fal-**e**	com-**a**	part-**a**
tu*	fal-**es**	com-**as**	part-**as**
você o senhor a senhora ele ela a gente	fal-**e**	com-**a**	part-**a**

nós	fal-**emos**	com-**amos**	part-**amos**
vocês eles elas	fal-**em**	com-**am**	part-**am**

(*) *Tu*: a depender da região, não se pronuncia o *-s* final.

▸ O presente do subjuntivo expressa possibilidades, desejos, dúvidas etc. sobre ações, eventos ou estados no presente ou no futuro:

— Ainda que ele *saia* de casa agora, não sei se ainda dá tempo de fazer a prova.
— Talvez a gente *possa* acampar no final de semana, vai depender do tempo.

▸ Assim como no indicativo, existe um *presente contínuo do subjuntivo*, formado de *estar* + *-ndo* (gerúndio):

— Eu quero passear na praia amanhã, ainda que *esteja fazendo* frio.
— Eu não acredito que você *esteja pensando* em gastar todo esse dinheiro num carro!

▸ Com *tomara que,* se usa sempre o presente ou o perfeito do subjuntivo:

— Tomara que *dê* tudo certo na sua entrevista de trabalho amanhã.

— Tomara que *tenha dado* tudo certo na sua entrevista de trabalho ontem.

▸ Em alguns casos, se usa o subjuntivo quando a oração principal está na negativa:

— Não conheço ninguém que *cante* melhor do que a Marisa.

▸ Com o verbo *achar* na negativa, a oração seguinte sempre fica no subjuntivo:

— Eu não acho que *vá* chover. (presente do subjuntivo)
— Eu acho que *vai* chover. (presente do indicativo)

▸ Em orações com *pronome relativo*, o presente do subjuntivo expressa uma possibilidade, um desejo, enquanto o presente do indicativo expressa um fato, uma certeza:

— Não vou trabalhar numa empresa que *trate* mal seus funcionários. (subjuntivo: possibilidade; referência a uma situação hipotética)
— Não vou trabalhar numa empresa que *trata* mal seus funcionários. (indicativo: realidade; referência a uma empresa que de fato existe)

▸ São comuns as expressões *custe o que custar, seja* [*lá*] *como for, haja o que houver, venha o que vier* e outras em que aparecem o presente e o futuro do subjuntivo, com o sentido de 'de todo modo', 'de qualquer maneira', 'não importa como' etc.:

O prefeito declarou que vai inaugurar o viaduto até dezembro, *custe o que custar.*
— Eu vou levar meu curso de Direito até o fim, *haja o que houver.*

▶ A expressão *para o que der e vier* significa 'para o que for necessário, para o que tiver de acontecer':

— Venci a doença, recuperei a saúde e agora estou pronta *pro que der e vier.* (*pro = para o*)
— Você sabe que pode contar comigo *para o que der e vier.*

3.4.2 Perfeito

▶ O perfeito do subjuntivo é um tempo composto:

tenha, tenhas, tenha, tenhamos, tenham (presente do subjuntivo)
+
verbo em *-ado, -ido*
(particípio)

▶ Esse tempo expressa possibilidades, desejos, dúvidas etc. sobre ações, eventos ou estados concluídos no passado ou no futuro.

▶ Sequência temporal:

— Eu espero que ainda não *tenha terminado* o prazo das inscrições pro concurso.
— Pode ser que ela *tenha ficado* presa no trânsito.
— Talvez João não *tenha gostado* do seu comentário sobre a mãe dele.
— Eu quero muito que ela *tenha passado* na prova.
— Quando eu tiver chegado em casa, é provável que Sandra já *tenha saído.* (ação concluída no futuro antes de "quando eu tiver chegado em casa")

▶ Com *tomara que,* se usa sempre o perfeito ou o presente do subjuntivo:

— Tomara que *dê* tudo certo na sua entrevista de trabalho amanhã.
— Tomara que *tenha dado* tudo certo na sua entrevista de trabalho ontem.

3.4.3 Imperfeito

▶ Imperfeito do subjuntivo de verbos regulares:

	FAL-AR	**COM-ER**	**PART-IR**
eu	fala-**sse**	come-**sse**	parti-**sse**
tu*	fala-**sses**	come-**sses**	parti-**sses**

você o senhor a senhora ele ela a gente	fala-**sse**	come-**sse**	parti-**sse**
nós**	falá-**ssemos**	comê-**ssemos**	partí-**ssemos**
vocês eles elas	fala-**ssem**	come-**ssem**	parti-**ssem**

Obs.: São as mesmas terminações para as três conjugações.

(*) *Tu*: a depender da região, não se pronuncia o *-s* final.
(**) Com a terminação, a primeira pessoa do plural passa a ter a antepenúltima sílaba tônica, sendo obrigatório o acento.

▸ O imperfeito do subjuntivo expressa possibilidades, desejos, dúvidas etc. sobre ações, eventos ou estados no passado, mas também no presente/futuro.

▸ Sequência temporal (perfeito/imperfeito do indicativo e imperfeito do subjuntivo):

— Eu não esperava que *chovesse* tanto nesse final de semana, mas choveu.
— Era pouco provável que o nosso time *ganhasse* o jogo, e de fato não ganhou.
— Jorge não acreditava que *fosse* tão simples usar o aplicativo do banco.
— Você duvidou que a Joana *passasse* na prova.
— Eu esperei que ele *concordasse* comigo, mas ele não disse nada.

▸ Com *queria*, o imperfeito do subjuntivo indica um desejo ou um pedido no presente ou futuro:

— Eu queria que você *me ajudasse* a organizar esses papéis.

▸ O imperfeito do subjuntivo ocorre frequentemente com a locução *como se*, com a ideia de comparação:

— Você se lembra do dia em que a gente se conheceu?
— Me lembro *como se fosse* ontem.

— *Como se não bastasse* o frio, ainda veio essa chuva!

▸ Em orações com o pronome relativo, o imperfeito do subjuntivo expressa uma possibilidade, um desejo, enquanto o perfeito do indicativo indica um fato, uma certeza ou algo específico:

— Eu quis trabalhar numa empresa que *tratava* bem seus funcionários. (indicativo: realidade)

— Eu quis trabalhar numa empresa que *tratasse* bem seus funcionários. (subjuntivo: possibilidade)

▸ Quando a oração principal está na negativa, a oração com pronome relativo vem no subjuntivo:

— Nunca conheci ninguém que *cantasse* melhor do que Marisa.

▸ Assim como no indicativo, também existe um *imperfeito contínuo do subjuntivo*, formado de *estar* + *-ndo* (gerúndio):

— Eu tive que voltar pra casa cedo, por mais que *estivesse gostando* da festa.

3.4.4 Mais-que-perfeito

▸ O mais-que-perfeito do subjuntivo é um tempo composto:

tivesse, tivesses, tivesse, tivéssemos, tivessem (imperfeito do subjuntivo)
+
verbo em *-ado, -ido*
(particípio)

▸ O mais-que-perfeito do subjuntivo expressa possibilidades, desejos, dúvidas etc. sobre ações, eventos ou estados concluídos no passado. A ação no mais-que-perfeito do subjuntivo acontece antes da ação da oração principal.

O mais-que-perfeito se combina com o perfeito, o imperfeito ou o condicional composto do indicativo:

— Eu esperei até que ela *tivesse terminado* o trabalho.
— Eu torci para que ela *tivesse passado* na prova.
— A gente não podia acreditar que a Lúcia *tivesse recusado* aquela oferta de emprego no Rio.
— Ninguém duvidava que o Sérgio *tivesse perdido* o voo por causa do mau tempo, só você.
— Eles não teriam ganhado o jogo, mesmo que o Renato *tivesse jogado*.

3.4.5 Futuro

▸ Futuro do subjuntivo de verbos regulares:

	FAL-AR	COM-ER	PART-IR
eu	fala-**r**	come-**r**	parti-**r**
tu*	fala-**res**	come-**res**	parti-**res**

você o senhor a senhora ele ela a gente	fala-**r**	come-**r**	parti-**r**
nós	fala-**rmos**	come-**rmos**	parti-**rmos**
vocês eles elas	fala-**rem**	come-**rem**	parti-**rem**

(*) *Tu*: a depender da região, não se pronuncia o *-es* final.

▸ O futuro do subjuntivo expressa possibilidades, desejos, dúvidas etc. sobre ações, eventos ou estados no futuro.

▸ Os tempos presente e futuro do indicativo combinam com o futuro do subjuntivo, especialmente com *quando/se,* para expressar uma hipótese futura |☛ 13.9.1|:

— *Se* não *for* muito caro, a gente pode comer no restaurante novo da minha rua.
— Só vou sair de casa *quando parar* de chover.

▸ Existe um *futuro contínuo do subjuntivo*, formado de *estar* + *-ndo* (gerúndio):

— Quando você for ao supermercado, só compre o que realmente *estiver faltando* em casa.
Não fale ao telefone quando *estiver dirigindo*; é perigoso, além de proibido.

3.4.6 Futuro composto

▸ Futuro composto:

tiver, tiveres, tiver, tivermos, tiverem (futuro do subjuntivo) + verbo em *-ado, -ido* (particípio)

▸ O futuro do subjuntivo expressa possibilidades, desejos, dúvidas etc. sobre ações, eventos ou estados concluídos no futuro.

▸ Sequência temporal: presente ou futuro do indicativo e futuro composto do subjuntivo:

— Você só imprime o trabalho depois que *tiver feito* uma boa revisão do texto.
— Ninguém no Brasil vai conhecer a obra desse autor sueco enquanto ele não *tiver sido* traduzido para o português.

3.5 Imperativo

► O imperativo pode expressar ordens, proibições, instruções, conselhos ou pedidos, sempre em relação ao momento presente ou futuro.
► O imperativo tem as seguintes formas:

PESSOA	AFIRMATIVO	NEGATIVO
você (tu)	**fala/fale**	**não fala/não fale**
nós	**vamos falar** **falemos**	**não vamos falar** **não falemos**
vocês	**falem**	**não falem**

— Márcia, *abre* a janela, por favor. Está muito quente aqui dentro da sala.
— Luís, *desliga* a televisão e *vem* almoçar!
— Não *fumem* aqui, por favor.
— Isabel, *pegue* aquele prato ali pra mim.
— Gente, *vamos falar* menos durante a reunião!

• **Você, tu**: As formas imperativas de 2ª pessoa (*você, tu*) apresentam uma distribuição regional no Brasil: de modo geral, a forma derivada do indicativo (*fal**a***) caracteriza as regiões Sul e Sudeste; a forma derivada do subjuntivo (*fal**e***) caracteriza principalmente as regiões Norte e Nordeste. De qualquer modo, na fala espontânea, a mesma pessoa pode empregar *fale* e *fala* alternadamente:

— *Venha* cá e me *explica* por que você está aborrecida comigo!
— *Apaga* a luz quando sair do quarto, mas *deixe* a porta aberta!

• **Nós**: As formas do imperativo da 1ª pessoa do plural (*falemos, cantemos, digamos* etc.) dificilmente são usadas na fala espontânea, mas podem ocorrer em textos escritos formais. A construção mais comum do imperativo é *vamos* + infinitivo:

— *Vamos começar*!
— *Vamos manter* a calma!
— *Vamos exigir* nossos direitos!

▸ Também é comum que os imperativos de *nós* sejam realizados como perguntas:

— Vamos começar?
— Vamos parar de falar aí no fundo da sala?
— Vamos esperar o Pedro terminar de falar?

3.6 Gerúndio

▸ A terminação própria do gerúndio é *-ndo*:

Verbos em *-ar*:	falar	→	fala-**ndo**
Verbos em *-er*:	comer	→	come-**ndo**
Verbos em *-ir*:	partir	→	parti-**ndo**

▸ O gerúndio é usado para indicar continuidade de uma ação, um processo ou estado:

- com o verbo *estar*:

— Paulo ainda *está dormindo*, você pode telefonar mais tarde?
— Antes de fazer quinze anos, eu já *estava morando* em Brasília.
— Duvido que a Jane ainda *esteja trabalhando* com a Denise.
— Você não deve beber enquanto *estiver tomando* esses remédios.

- com verbos como *andar, continuar, ficar, ir, vir:*

— *Ando tendo* muita dor de cabeça ultimamente.
— Eu *venho acompanhando* há muito tempo a carreira dessa cantora.
— Felipe *continua morando* em Fortaleza?
— A conexão de vídeo caiu e eu *fiquei falando* sozinha!
— A gente já *vai comendo* enquanto você toma banho, tudo bem?

▸ O gerúndio descreve uma ação que acontece ao mesmo tempo que outra.

- Quando o sujeito é o mesmo, ele aparece somente na oração *sem gerúndio*:

Ontem eu aprendi muito sobre a China assistindo um documentário na TV.

- Quando o sujeito não é o mesmo, é obrigatório explicitar o sujeito na oração com gerúndio:

Você já ouviu Sofia cantando?

- Depois de verbos como *ter, haver, existir* sem sujeito, usa-se o gerúndio, que equivale a uma oração com o pronome relativo *que*:

  Hoje em dia, tem muito mais gente *estudando* espanhol no Brasil. (= *que estuda*)
  Antigamente havia poucas mulheres *exercendo* cargos políticos. (= *que exerciam*)
  Será que ainda existem pessoas *usando* máquinas de escrever? (= *que usam*)

► O gerúndio pode expressar circunstâncias de tempo, modo e condição:

— *Chegando* em casa, me telefona, ok? (tempo: *quando você chegar*)
— Sérgio entrou na sala *gritando* com todo mundo. (modo: e gritou)
— *Agindo* desse jeito, você nunca vai ter amigos. (condição: *se você agir*)

3.7 Infinitivo

► A forma do infinitivo determina a conjugação do verbo |☛ 3.1|:
1ª conjugação: ***-ar***
2ª conjugação: ***-er***
3ª conjugação: ***-ir***

► O infinitivo aparece:

- como parte de uma locução verbal |☛ 3.15|: *acabei de levantar, comecei a trabalhar, terminei de preparar o jantar, devo chegar mais tarde, preciso fazer compras* etc.
- como parte do futuro com *ir*: *eu vou cantar, ele vai comer, ela vai sair* etc.
- como sujeito da oração:

  Fazer exercícios físicos é bom para a saúde.
  Falar é fácil, *fazer* é bem mais difícil.
  Dizem que *querer* é *poder.*

- como complemento de um substantivo:

  — Não tenho coragem de *entrar* no mar à noite.
  — Célia tem vergonha de *falar* em público.

- como complemento de um verbo, com ou sem preposição:

  — Eu preciso *falar* com você!
  — Gostaria de *agradecer* o convite.

- como substantivo, sempre no masculino com artigo definido ou quantificador indefinido:

O falar da zona rural conserva muitas palavras antigas.
Beto dirigiu *um olhar* de carinho aos filhos antes de embarcar no avião.

- com valor de imperativo, em ordens, instruções (em receitas culinárias, avisos, placas de trânsito etc.):

Favor *manter* a porta fechada.
Colocar primeiro o ovo, depois a manteiga.
Atenção: *retirar* a tampa da embalagem antes de levar o produto ao forno.
Só *abrir* em caso de emergência.

- depois de adjetivos (*difícil, duro, fácil, bom*, entre outros que expressam sentimentos em relação a uma ação) + *de*:

— Esse problema é fácil de *resolver.*
— Esse bairro é muito bom de *morar.*

▸ É comum a expressão *osso duro de roer* ('complicado, difícil'):

— O jogo contra a Argentina vai ser *osso duro de roer.*
— O diretor da empresa é *osso duro de roer.*

Nessas construções com adjetivo + *de* é muito frequente usar o pronome *se* como sujeito do infinitivo. O pronome *se* significa 'qualquer pessoa', 'a gente em geral':

— Essa é uma máquina muito fácil de usar.
— Essa é uma máquina muito fácil de *se* usar.

— Dizem que Lisboa é uma cidade agradável de morar.
— Dizem que Lisboa é uma cidade agradável de *se* morar.

3.7.1 Infinitivo pessoal

▸ As formas do infinitivo pessoal (ou flexionado) são as mesmas do futuro do subjuntivo para os verbos regulares:

FUTURO DO SUBJUNTIVO	INFINITIVO PESSOAL
(quando) eu falar	(para) eu falar
(quando) tu falares	(para) tu falares
(quando) você falar	(para) você falar
(quando) ele/ela falar	(para) ele/ela falar
(quando) nós falarmos	(para) nós falarmos
(quando) vocês falarem	(para) vocês falarem
(quando) eles/elas falarem	(para) eles/elas falarem

► O infinitivo pessoal é empregado:

- depois de expressões impessoais, como *é bom, é melhor/pior, é preciso etc.*:

— Está chovendo demais, *é melhor* vocês *ficarem* em casa.

- depois das preposições *para, por, sem, até, a/ao*:

— *Para concluirmos* o projeto, vamos precisar de mais dinheiro.
— Obrigada *por* vocês *terem* levado em consideração o que eu disse.
— *Ao saírem* da escola, as crianças vão pra casa almoçar.

- depois das locuções *apesar de, antes de, depois de*:

— Apesar de *termos* chegado atrasados, o porteiro deixou a gente entrar no teatro.
— Antes de vocês *saírem*, apaguem a luz por favor.
Depois de nos *reunirmos* com os diretores da empresa, faremos uma visita às instalações da nova fábrica.

► Com verbos como *mandar, fazer, sentir, deixar* etc. |☛ 2.5|, pode-se flexionar o infinitivo ou não:

O diretor *deixou* os participantes *se acomodar* antes de iniciar a reunião.
O diretor *deixou* os participantes *se acomodarem* antes de iniciar a reunião.

► Atenção! Nas locuções verbais, o verbo principal permanece, obrigatoriamente, no infinitivo sem flexão |☛ 3.7|:

Os pacientes *devem informar* ao médico caso apresentem alguma forma de reação à vacina.
Todos os candidatos *precisam preencher* o formulário antes da entrevista com a diretora.

3.8 Particípio

► Formação dos particípios de verbos regulares:

Verbos em *-ar*:	falar	→ fal-**ado**
Verbos em *-er*:	comer	→ com-**ido**
Verbos em *-ir*:	partir	→ part-**ido**

► O particípio compõe os seguintes tempos verbais. Nesses casos, sua forma não muda, ou seja, não concorda em gênero ou número com o substantivo ou o pronome:

- *você tem falado* (perfeito composto)
- *você tinha falado* (mais-que-perfeito composto)
- *você terá falado* (futuro composto)

- *você teria falado* (condicional composto)
- *que você tenha falado* (perfeito do subjuntivo)
- *se você tivesse falado* (mais-que-perfeito do subjuntivo)
- *quando você tiver falado* (futuro composto do subjuntivo)

▸ Os particípios funcionam como adjetivos e, nesse caso, concordam em gênero e número com o substantivo ou o pronome:

— As pessoas estão muito *preocupadas* com a crise econômica.
— João está muito *preocupado* com a crise econômica.
Os empresários se mostraram *preocupados* com a crise econômica.
— A crise econômica está deixando ela *preocupada*.

▸ Também na construção da voz passiva, o particípio concorda em gênero e número com o substantivo ou o pronome |☛ 3.10|::

— Todos os livros já foram *colocados* na estante.
— As casas deste bairro foram *construídas* no início do século XX.

▸ Na escrita formal, o particípio pode expressar circunstâncias de tempo ou causa[3]. A construção com particípio costuma vir no início e é seguida de vírgula (concorda em gênero e número):

Concluídas as negociações, os representantes diplomáticos assinaram um acordo de cooperação teconológica entre os dois países.

(tempo: *depois que as negociações foram concluídas...*)

Habituados ao clima quente do lugar, *os moradores* se viram despreparados para lidar com a onda de frio repentina.

(causa: *porque estavam habituados ao clima quente...*)

3.8.1 Verbos com dois particípios

Vários verbos apresentam dois particípios, um regular e outro irregular. Os mais empregados são:

INFINITIVO	PART. REGULAR	PART. IRREGULAR
aceitar	aceitado	aceito
acender	acendido	aceso
eleger	elegido	eleito

[3] As gramáticas chamam essas estruturas de *oração subordinada adverbial reduzida de particípio: oração subordinada* porque não é a principal, adverbial porque expressa as circunstâncias, *reduzida* porque não aceita que o sujeito apareça e *particípio* por causa da forma verbal.

entregar	entregado	entregue [ɛ]
envolver	envolvido	envolto
enxugar	enxugado	enxuto
expressar	expressado	expresso [ɛ]
exprimir	exprimido	expresso [ɛ]
expulsar	expulsado	expulso
extinguir	extinguido	extinto
ganhar	ganhado	ganho
gastar	gastado	gasto
imprimir	imprimido	impresso [ɛ]
juntar	juntado	junto
limpar	limpado	limpo
matar	matado	morto
morrer	morrido	morto
pagar	pagado	pago
pegar	pegado	pego ([e] ou [ɛ])
prender	prendido	preso
salvar	salvado	salvo
soltar	soltado	solto
suspender	suspendido	suspenso

► Os particípios irregulares formam a voz passiva ou se combinam com *ser, estar, ficar* como adjetivos. Já os particípios regulares são usados na formações dos tempos compostos com os auxiliares *ter/haver* (na voz ativa):

+VERBO ←→ **+ADJETIVO**

auxiliar: TER/HAVER **voz:** ATIVA **particípio:** REGULAR	**auxiliar:** SER/ESTAR/FICAR **voz:** PASSIVA **particípio:** IRREGULAR
Ana *tem pagado* seus impostos em dia. Dora *havia gastado* sua poupança naquela viagem. Rita *tinha ganhado* um bom dinheiro com traduções. Até às 5 horas *teremos imprimido* as cópias. A empresa *tinha suspendido* a compra de dólares.	Meus impostos *foram pagos* em dia. A poupança de Dora *foi gasta* na viagem. Esse dinheiro *foi ganho* com traduções. As cópias já *estavam impressas* às 4 horas. *Ficam suspensas* as compras de dólares.

3.9 *Ser*

▸ O verbo *ser* pode funcionar como verbo auxiliar para formar a voz passiva |☛ 13.10| ou como verbo principal. Aqui estão alguns casos frequentes de *ser* como verbo principal (conjugação ☛Anexo I).

▸ **Descrição e definição:** quando se apresenta as características de pessoas, animais, plantas, lugares etc.:

— Geralmente *sou* alegre e descontraída, mas às vezes *sou* um pouco tímida.
— Essa flor *é* uma margarida.
— Meu sofá *era* muito desconfortável, por isso troquei por um novo.
— Tenho certeza de que o voo *vai ser* bem tranquilo.
— Minha irmã *é* bibliotecária. (profissão)
O Brasil *é* um país muito grande.
Brasília *é* quente no verão.
A Terra *é* redonda.
As baleias *são* mamíferos.

▸ **Lugar, localização:** quando se pergunta ou se fala sobre a localização de algo ou evento (*ser* + *em)*:

— Por favor, onde *é* o banco?
— O banco *é na* próxima rua, à direita. (*na* = *em* + *a*)
— A festa *vai ser num* clube. (*num* = *em* + *um*)
— O curso *será na* sala 5.

▸ Para lugares fixos, como aeroporto, escola, banco, casa etc. também é comum o verbo *ficar*:

— Onde *fica* a sua casa?
— A farmácia mais próxima daqui *fica* a três quarteirões.
— A cidade onde eu nasci *fica* no litoral da Bahia.

▸ **Origem:** para dizer o lugar onde uma pessoa nasceu ou o lugar de onde algo veio, existem as seguintes construções:

- ***Ser*** + adjetivo de país, estado ou cidade |☛ 5.3|:

  — A mãe da Rita *é* brasileira e o pai *é* alemão.
  — Meu carro *é* japonês.
  — O marido de Selma *é* carioca.

- ***Ser de*** + nome de lugar:

  — Minha avó e meu avô *são de* Manaus.
  — Essa dança *é do* Sul do Brasil.

▸ **Tempo, data e hora:** as construções com o verbo *ser* sem sujeito são usadas

- para falar de tempo:

— Hoje quando acordei, ainda *era* muito cedo.
— Já *é* inverno, mas ainda faz calor.

- para dizer a data:

— Que dia *é* hoje?
— Hoje *é* dia 4 de outubro./Hoje *é* 4 de outubro.

- para dizer as horas:

— Que horas *são*?
— *É* uma hora./*São* duas e meia.

▸ **Quantidade e preço**:

— Quantos *são* os convidados?
— *São* trinta convidados. / Os convidados *são* trinta.
— Quanto *é* o quilo de tomate?
— *É* 7,50 o quilo.

▸ ***Ser + com*:** para dizer que alguma coisa é responsabilidade de alguém ou quando alguém entende bastante de um assunto, atividade etc.:

— O pagamento de matrícula *é com* o rapaz da secretaria.
— Ele toca muito bem e estuda piano faz tempo. Música *é com* ele mesmo!

▸ ***Ser + de*** (além de expressar a origem):

- expressa a ideia de posse:

— Essa casa verde *é dos* meus pais.

- expressa que alguém ou algo faz parte de um grupo, uma área etc.:

— Na escola, eu *era da* turma E.
— O Maurício *é da* bateria da escola de samba.

- expressa que alguém (não) gosta de fazer algo:

— Minha filha adolescente *é de* pouca conversa.
— Eu não *sou de* briga, prefiro resolver tudo sempre com calma.

- especifica o tipo de material:

— Essa boneca não *é de* plástico, *é de* pano.
— Antigamente os móveis *eram* todos *de* madeira.

▸ ***Ser + para***: é uma construção que indica:

- a utilidade de alguma coisa:

— Esse computador *é para* o nosso projeto de pesquisa.
— A reforma agrária *é para* resolver os problemas do campo.

- a pessoa que recebe ou consegue algo:

— Esse remédio não é *pra você*, é *pro seu* irmão.
— Essa vaga de emprego *é pra quem* já tem experiência na área da saúde.

▸ São muito empregadas as fórmulas *não é pra todo mundo / não é pra qualquer um*, que expressam a necessidade de muita experiência, força, coragem, sorte etc. para realizar alguma coisa:

— Conseguir fazer sucesso no meio musical *não é pra todo mundo*.
— Chegar até o outro lado desse rio nadando *não é pra qualquer um*.

▸ ***Não é pra menos; não é à toa; não é por acaso*** expressam compreensão em relação a um fato, uma atitude etc.:

— As salas de cinema estão cada vez mais vazias.
— *Não é pra menos*, os ingressos estão muito caros.

— *Não é à toa* que as pessoas estão deixando de ter telefone fixo: o celular oferece muito mais vantagens e comodidades.

▸ ***Ser + bom/ruim + de*** expressam a habilidade ou inabilidade de alguém:

— Contratei um pedreiro que *era bom de* serviço. ('trabalhava bem')
— Meu primo sempre *foi ruim de* bola. ('nunca jogou bem')

▸ ***É preciso/necessário/importante/difícil/possível/bom*** etc. são expressões muito comuns. Podem vir com substantivos, verbos no infinitivo ou orações com *que*:

— *É importante* a realização regular de exames médicos.
— *Seria bom que* você relesse com atenção o e-mail antes de enviar.
— Para os estrangeiros, às vezes *é difícil fazer* amizade num país diferente.
— Para manter a cidade limpa, *é necessário que* as pessoas mudem de atitude.

3.10 *ESTAR*

▸ O verbo *estar* pode ser usado como auxiliar de tempos compostos |☛ 3.3.1, 3.3.6|, ou como verbo principal. Aqui estão alguns casos frequentes de *estar* como verbo principal (conjugação, ☛ Anexo I).

▸ Na fala espontânea, o verbo *estar* perde a sílaba inicial *es-*:

eu	*tô/tive/tava* etc.
você/ele/a gente	*tá/teve/tava* etc.
vocês/eles	*tão/tiveram/tavam* etc.

▸ **Estado:** quando se apresenta o estado ou a situação de pessoas, animais, plantas, lugares etc., num determinado momento:

— Como é que cê *tá*?
— *Tô* bem. E você?
— Hoje eu *tô* um pouco desanimado.

— No momento, *tô* completamente sem dinheiro.
— O preço da gasolina já *tá* alto e ainda querem aumentar?
— Ontem *tava* muito frio por aqui!

- O estado de algo ou alguém pode ser o resultado de uma ação (*estar* + adjetivo ou particípio):

— A porta *está fechada*.
— Finalmente, as obras do centro da cidade *estão concluídas*.
— Graças à sua ajuda, a tradução *está perfeita*.

▸ **Lugar:** quando se diz o lugar onde alguém ou algo se encontra num determinado momento:

— Depois de procurar pela casa toda, descobri que as chaves do carro *estavam* em cima da pia do banheiro.

— Hoje de tarde eu *estou* em casa. Você quer aparecer pra tomar um café?
— Eu vou aí encontrar você. Onde você *tá* agora?
— *Tô* em frente à agência do correio.

▸ **Temperatura**: para falar do clima num determinado momento:

— Acho que vou ficar em casa. Hoje *está* frio e nublado. (sem sujeito)
— Aqui dentro *está* muito quente. Vou abrir a janela. (sem sujeito)
— Previsão do tempo: a temperatura em São Luís *estará* em torno de 35 graus amanhã.

▸ ***Estar + com*:** indica sensações e sentimentos num determinado momento:

— Já passa de uma hora, por isso eu *estou com* tanta fome!
— Eu *tava com* medo de perder o avião.
— José não vem porque *está com* dor de cabeça.
— Eu *tô com* a impressão que vai chover muito hoje.
— Por que você *tá com* vontade de mudar de emprego?
— A Regina disse que *está com* muita saudade de você.

▸ Também expressa idade (☛ 11.4):

— *Com que idade está* a sua filha?
— Ela *está com* 24 anos.

▸ ***Estar + entre*:** é uma construção que indica

- a posição em um grupo:

— Para conseguir esse emprego, você tem que *estar entre* os primeiros colocados do concurso.
— Alguns rios brasileiros *estão* entre os maiores do mundo.

- a indecisão sobre alguma coisa:

  — Não consigo escolher o vestido. *Estou entre* o verde e o vermelho.

- a presença de alguém em um um grupo:

  — Fique à vontade, aqui você *está entre* amigos.

▸ ***Estar + para + infinitivo***: expressa que alguma coisa vai ou ia acontecer em breve:

— Os novos computadores da escola *estão para* chegar.
— O ônibus *estava pra* sair quando eu cheguei na plataforma.
— O novo hospital público *está para* ser inaugurado em breve.

▸ ***Estar + por***: expressa a ideia de que alguma coisa ainda não foi concluída ou ainda não aconteceu:

— O serviço ainda *está por* terminar.
— A pesquisa sobre essa doença ainda *está por* se fazer.

3.10.1 Expressões com *estar*

Algumas expressões frequentes, mais informais, com *estar*:

- *estar a fim de*:

  (i) quando se quer fazer algo:

  — *Estou a fim de* ir no cinema hoje.

  (ii) quando se tem interesse sentimental por alguém:

  — Parece que a Janice *está a fim do* Pedro.

- *estar de acordo*:

  (i) quando se tem a mesma opinião de alguém ('concordar com')

  — Nem sempre eu *estou de acordo com* as ideias políticas do meu pai.

  (ii) quando algo segue determinados padrões:

  O projeto *está de acordo com* as normas da empresa.

- *estar fora* é uma expressão usada quando alguém não concorda com algo ou não quer fazer parte de alguma situação (o contrário é *estar dentro*):

  — Eu não vou denunciar ninguém. *Tô fora*! (= *não conte comigo*)
  — Se é para ajudar a Silvinha, *tô dentro*! (= *conte comigo*)

- *estar fora de si* (ou *ficar fora de si*) expressa o estado de alguém que perdeu o controle das emoções:
  — Não leve a sério o que Paulo te disse ontem, ele tinha bebido muito, *estava fora de si*.

- *estar por fora* [*de*] e *estar por dentro* [*de*] são usadas para expressar que alguém conhece ou desconhece um assunto, uma situação etc.:

  — Você sabe quem vai se candidatar à prefeitura esse ano?
  — Não tenho ideia, *tô* completamente *por fora*.
  — Me disseram que você *tá por dentro de* tudo o que tem a ver com plano de saúde, é verdade?

- *não estar nem aí* [*para*] é usada para expressar a ideia de que alguém não está interessado ou não se importa com algo:

  — Ninguém gostou muito do filme, mas o diretor *não tá nem aí para* as críticas.

► Expressões frequentes com ***estar de***:

- *estar de férias:*

  — A doutora Márcia *está de férias*, só volta no final do mês.

- *estar de cama*:

  — Eu peguei uma gripe forte e *estou de cama*, não vou poder ir trabalhar hoje.

- *estar de folga* ('não ter que ir trabalhar'):

  — Hoje *estou de folga*, vou aproveitar para fazer compras.

- *estar de volta*:

  — Na semana que vem, a gerente *está de volta*, aí você conversa com ela.

- *estar de saída*:

  — Eu *tô de saída* pro almoço, me liga depois das duas, por favor.

3.11 *SER/ESTAR* + ADJETIVO

► Quando usado com adjetivos ou particípios, o verbo ***ser*** expressa característica *permanente*, enquanto ***estar*** expressa estado ou característica *temporária*:

SER	ESTAR
— Sua irmã **é bonita.**	— Sua irmã **está bonita** nessa foto.
— Ele **é calado.**	— Ele **está muito calado** hoje.
— Esse relógio **é caro.**	— Esse relógio **está ainda mais caro** que no mês passado!
— Marta **é magra.**	— A dieta funcionou! Marta **está bem magra.**
— A casa **é linda.**	— A reforma ficou ótima. A casa **está linda.**

— Meu tio **é rico.**	— Meu tio soube fazer bons investimentos e hoje **está rico.**
— Minha filha é **uma pessoa feliz!**	— Minha filha **está muito feliz** com a viagem!

▸ Alguns adjetivos costumam combinar com *estar*:

— Acho que ele *está bêbado.*
— Já *estou acordada.*
— Felizmente ele *está vivo.*
— O cão foi atropelado e *está morto.*
— *Estou pronto* pra sair.
— *Estou grávida.*
— A atriz *estava nua* na praia quando foi fotografada.
— *Estou cansada.*
— *Estou descalça.*
— *Estou satisfeito.* Não consigo comer mais nada.

▸ Alguns adjetivos costumam combinar com *ser*:

— *Renata é capaz* de aprender qualquer língua estrangeira.
— Ela *é famosa.*
— Ele *é tímido.*
— Maria *é casada.*
— O curso *é obrigatório.*
— A decisão não *foi justa.*
— Essa ferramenta pode *ser útil.*
— Isso não *é necessário.*

3.12 *FICAR*

▸ O verbo *ficar* é de emprego muito frequente no PB, com usos semelhantes aos de *ser* e *estar.* Ele pode ter os seguintes sentidos, entre outros:

- 'permanecer num lugar':

  — A Judite vai ter de *ficar* no hospital ainda por alguns dias.

- 'hospedar-se':

  — Se você viajar para Fortaleza, pode *ficar* na casa da minha tia Olga.

- 'situar-se em, estar em':

  — A cidade de Florianópolis *fica numa* ilha.

- 'restar, sobrar':

  — Essa garrafa de vinho foi a única que *ficou* da festa de ontem.

- 'experimentar um sentimento'; quando seguido de substantivo, *ficar + com*:

— Eu *fiquei* aliviada depois do resultado dos exames médicos que fiz ontem.
— O Pedro *ficou com* pena da Marisa porque ela foi reprovada no concurso.

- 'tornar-se, mudar de estado':

— Paula *ficou* mais simpática depois que se casou com Roberto.
As ruas *ficaram* intransitáveis depois da tempestade.

- 'conservar, manter'; *ficar* + *com*:

— Doei todos os meus livros para a biblioteca da faculdade, só *fiquei com* os dicionários.

- 'comprometer-se com alguém'; *ficar* + *de* + infinitivo:

— Juliana *ficou de* me buscar no aeroporto.

► O verbo *ficar* é muito empregado no imperativo:

— *Fica* tranquilo, eu vou te ajudar!
— Não *fique* aí parado, tem muita coisa pra fazer!
— *Vamos ficar* atentos!

► ***Ficar*** pode ser usado em locuções verbais formadas com o gerúndio |☛ 3.3.3, 3.6|:

— *Fiquei sabendo* que a Márcia se mudou pra São Paulo, é verdade?
— Vocês podem ir na frente, eu vou *ficar esperando* a Cecília terminar de se arrumar.
— Ontem no bar tinha um cara que *ficou olhando* pra nós o tempo todo.

3.13 *IR – VIR, LEVAR – TRAZER*

► A opção pelo verbo ***ir*** ou pelo verbo ***vir*** vai depender da posição de quem fala. Quando o movimento é em direção à posição de quem fala, se usa ***vir***; em direção oposta a quem fala, se usa o verbo ***ir***:

Paulo vai à Europa.

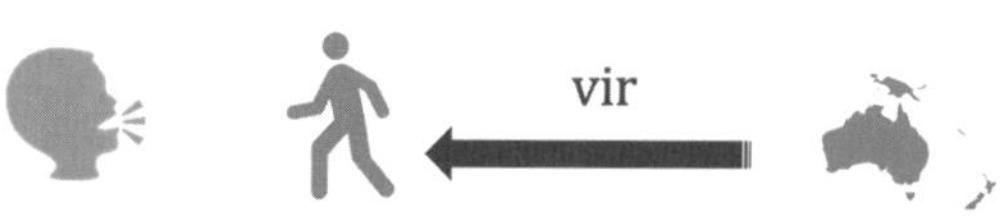

Peter vem da Austrália.

— Você *vai* ao teatro na sexta?
(a pessoa que está falando não está no teatro)
— Você *vem* aqui em casa amanhã à tarde?
(a pessoa que está falando está em casa)

— Você *vai* lá em casa amanhã à tarde?
(a pessoa que está falando não está em casa)
— Vem aqui pra eu te dizer uma coisa.
(*aqui* = o local onde está a pessoa que está falando)

▸ Também no caso de ***trazer*** e ***levar***, a opção vai depender da posição de quem fala. Em direção a quem fala, se usa ***trazer***; em direção oposta a quem fala, se usa ***levar***:

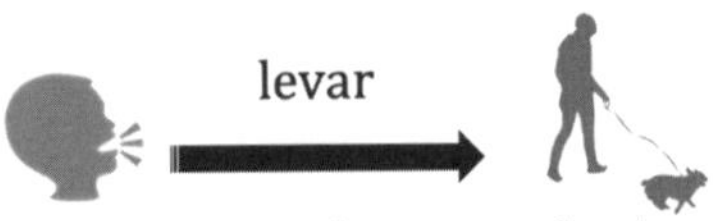

— Leve o cachorro pra fora!

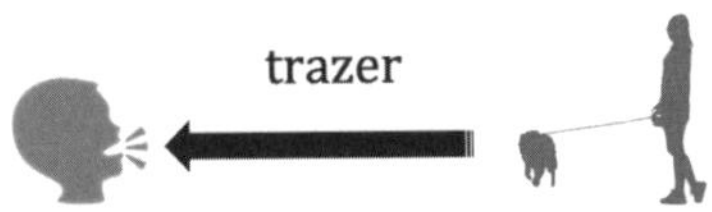

— Traga o cachorro pra dentro!

— Você poderia pegar aquela mala e *trazer* pra mim, por favor?
— Posso te *levar* no aeroporto, se você quiser.
(a pessoa que está falando vai sair de algum lugar em direção ao aeroporto)

3.14 Verbos reflexivos

▸ O verbo reflexivo se usa quando o sujeito e o objeto coincidem, ou seja, quando o sujeito e o objeto são a mesma pessoa, a mesma coisa etc. O português brasileiro tem os seguintes pronomes reflexivos[4]:

SUJEITO	REFLEXIVO
eu	me
tu	te
você	
o senhor, a senhora	se
ele, ela	
nós	nos
a gente	
vocês	se
eles, elas	

[4] *Me*, *te* e *nos* são iguais aos pronomes objeto direto, enquanto *se* é exclusivamente reflexivo.

► Alguns verbos reflexivos: *cortar-se* [*com*], *defender-se* [*de*], *enxugar-se* [*com, em*], *fantasiar-se* [*de*], *ferir-se* [*com*], *lavar-se* [*com, em*], *maquiar-se*, *pentear-se* [*com*], *preparar-se [para]*, *sentar-se* [*em*], *vestir-se* [*de*] etc.:

— Eu preciso de um espelho pra *me pentear.*
— Nós *nos preparamos* tanto para essa viagem, mas tivemos que cancelar!
— Minha irmã mais nova adora *se fantasiar.*
— Ontem eu estava cozinhando e *me cortei* com a faca.

► Em alguns casos, um mesmo verbo pode ser usado como reflexivo ou não (o sujeito é diferente do objeto):

— Eu preciso de um espelho pra *pentear* você.
— Contratei uma professora particular que vai *preparar* Mônica para o concurso.
— Quando eu era criança, adorava *fantasiar* as bonecas.
— É mais fácil *cortar* o pão com uma faca de serra.

► Quando o sujeito é plural, a ideia é de ação recíproca (*um ao outro*):

— Irene e o namorado *se telefonam* diariamente.
No Brasil, as mulheres *se cumprimentam* com um ou dois beijinhos no rosto.

Obs.: Alguns verbos estão sempre acompanhados de pronomes, mas não são reflexivos: *apaixonar-se* [*por*], *arrepender-se* [*de*], *casar-se* [*com*], *chamar-se*, *comprometer-se* [*com*], *despedir-se* [*de*], *divertir-se* [*com, em*], *enganar-se*, *envolver-se* [*com, em*], *incomodar-se* [*com*], *lembrar-se* [*de*], *queixar-se* [*de*], *surpreender-se* [*com*] etc.:

— Como você *se chama*?
— Irina. Sou a nova aluna do curso para imigrantes.

— Trouxe um presentinho de aniversário.
— Ah, obrigada. Não precisava *se incomodar.*

— Eu *me arrependo* de não ter estudado mais pra prova.
— Eu *me habituei* a acordar cedo.
Os passageiros *se queixaram* da troca de horário do voo.

3.15 Locuções verbais

► Locução verbal é uma sequência de verbos que ocorrem juntos para expressar sentidos específicos, formada com particípio, gerúndio ou infinitivo (algumas locuções verbais formam os tempos compostos).

► As locuções verbais podem expressar o modo como se dá a ação, o evento ou estado. Por exemplo, o início (*começar a fazer*), o término (*acabar de, terminar de*), um hábito (*costumar fazer*), uma obrigação (*ter que/de fazer*) ou uma necessidade (*necessitar fazer, precisar fazer*), entre outras possibilidades:

VERBO + GERÚNDIO	
acabar	— A festa *acabou acontecendo*.
andar	— *Ando pensando* em mudar de cidade.
começar	— Na reunião, a professora *começou falando* sobre os feriados.
continuar	— *Continuo morando* no mesmo apartamento.
ficar	— A avó *ficou cuidando* das crianças no final de semana para os pais viajarem.
permanecer	— Minha tia mais velha *permaneceu vivendo* com os pais.
seguir	— Marcos *segue trabalhando* com tradução.
terminar	— Ontem nós *terminamos desistindo* de ir ao cinema.
ir	— Enquanto você limpa a casa, eu *vou fazendo* a comida.
vir	— Esse cantor *vem fazendo* muito sucesso.
viver	— Minha vizinha *vive viajando* pra Europa.

VERBO + INFINITIVO	
conseguir	— Não *consegui chegar* a tempo no aeroporto.
costumar	A menina *costumava caminhar* todos os dias até a escola.
necessitar	O país *necessita qualificar* profissionais em várias áreas.
parecer	— Ana *parece saber* de tudo.
precisar	A empresa *precisa dar* boas condições de trabalho aos funcionários.
saber	— Ao final do curso, você *vai saber falar* bem o português brasileiro.

VERBO + PREPOSIÇÃO + INFINITIVO	
acabar de	— *Acabei de me levantar*, mas ainda estou com sono.
acostumar-se a	Meus filhos *se acostumaram a acordar* cedo.
chegar a	— Eu não *cheguei a terminar* o último nível do curso.
deixar de	— Não vou *deixar de brigar* pelos meus direitos.
desistir de	O político anunciou que *desistiu de concorrer* à reeleição no ano que vem.
habituar-se a	Ninguém *se habitua a conviver* com o autoritarismo.
parar de	— Hoje me sinto bem melhor porque *parei de fumar*.

passar a	— Depois do acidente, ele *passou a dirigir* com mais cuidado.
pegar a	— Marina *pegou a falar* e não parou.
pôr-se a	— Eu mal entrei na sala e a Joana *se pôs a* reclamar do meu atraso.
terminar de	— Antes do almoço, ele já *tinha terminado de arrumar* a casa.
voltar a	— Eu tenho de fazer um grande esforço para não *voltar a fumar*.

3.15.1 *Dever, poder, querer, ter que* + INFINITIVO

▸ As locuções com os verbos modais *dever, poder, querer, ter que/de* + infinitivo expressam desejo, capacidade, necessidade, obrigação, permissão, dever, probabilidade etc.:

- **Dever**:

  — *Devemos escovar* os dentes todos os dias. (obrigação)
  — Você *deve estar* cansado porque caminhou muito. (probabilidade)
  — Já *devem ser* umas seis horas. (probabilidade)
  — Acho que você *devia visitar* sua tia que está doente. (recomendação)

- **Poder**:

  — *Posso fumar* aqui? (permissão)
  — Você *pode* me *visitar* quando quiser. (possibilidade)
  Só os moradores *podem estacionar* na garagem do edifício. (permissão)
  O governo *pode fechar* um acordo com a China ainda este mês. (probabilidade)

- A locução *pode ser* indica probabilidade ou possibilidade e costuma ser usada em respostas:

  — Será que eu deixei meu guarda-chuva no escritório?
  — *Pode ser.* Eu vi você chegando com ele mais cedo.

  — Você acha que ela vai chegar na hora marcada?
  — *Pode ser.* Ela costuma ser pontual.

- A locução *pode ser que* indica probabilidade e sempre exige o modo subjuntivo:

  — *Pode ser que* o Brasil *tenha que* importar trigo da Argentina este ano.

- **Querer**:

  — Muitos falantes de espanhol *querem aprender* português brasileiro. (desejo)
  — Nas próximas férias *quero conhecer* Cuba. (intenção)

- Antecedido de *não* e formulado como uma pergunta, *querer* é usado para atenuar uma ordem, um pedido, uma sugestão, no lugar do imperativo:

— Você *não quer abrir* as janelas para refrescar a sala? (sugestão)
— Você *não quer me dizer* o que aconteceu ontem na festa? (pedido)

- **Ter que/de** (*que* é mais comum):

— As palavras proparoxítonas sempre *têm de ser* acentuadas. (obrigação)
— Amanhã *tenho que estar* na escola mais cedo que o normal. (obrigação; necessidade)

3.16 Verbos com preposição

▸ Em PB, são muitos os verbos que exigem uma preposição[5]. Alguns verbos podem ocorrer sem a preposição, com outro sentido, mas aqui estão apenas alguns usos mais frequentes com preposição.

Verbos com a preposição **sobre** |☛ 11.19|.

No PB falado, a preposição ***a*** tem sido substituída pela preposição ***para*** ou pela preposição ***em***, em vários contextos; por isso, com verbos como *dar, pedir, perguntar, falar, dizer, telefonar* etc., a construção habitual é com a preposição ***para***.

A

▸ Nos casos em que a preposição ***a*** é opcional, a construção mais frequente é sem preposição. O emprego com a preposição aparece em textos escritos ou falados mais formais.

▸ **acostumar-se a + infinitivo** |☛ *acostumar-se com/a*|**:**

— Ainda está difícil eu *me acostumar a* viver longe da família.

▸ **agradar (a)**:

— Quando dou minha opinião, não me preocupo em *agradar* ninguém.
As novas decisões do governo dos Estados Unidos sobre o comércio internacional não *agradaram ao* governo japonês.

▸ **agradecer (a):**

— Queria a*gradecer* você pela visita.
O prefeito *agradeceu a* todos os empresários que colaboraram na construção do hospital.

▸ **assistir (a):**

- 'ver, presenciar,':

[5] A relação de um verbo com os complementos, com ou sem preposição, recebe nas gramáticas o nome de *regência verbal*.

— Ontem passei o dia todo *assistindo* seriados na televisão.
Cerca de 10.000 pessoas *assistiram ao* jogo de basquete ontem à noite no Estádio Municipal.

- 'dar assistência, prestar serviço':

— Criamos um programa para *assistir* os imigrantes que ainda estão sem trabalho.

► **atrever-se a + infinitivo:**

— Eu ainda não *me atrevo a dirigir* em avenidas muito movimentadas.

► **custar a + infinitivo:**

— Eu *custo a acreditar* que sua filha já tem 21 anos!

► **dedicar-se a:**

— Ele pretende *se dedicar ao* estudo do folclore brasileiro.

► **desobedecer** (**a**)**:**

— Milena *desobedeceu* o médico e voltou a comer açúcar.
A empresa é acusada de *desobedecer a* uma decisão judicial em favor dos funcionários.

► **dirigir-se a**:

— Na inauguração da loja, o empresário *se dirigiu aos* convidados com palavras emocionadas.

► **limitar-se a**:

A cozinha brasileira não se *limita à* feijoada, tem muitos outros pratos deliciosos.

► **obedecer** (**a**)**:**

— Anita, *obedeça* seu pai e vá direto pra cama!
A produção da vacina deve *obedecer às* fases previstas nos protocolos de pesquisa.

► **pertencer a:**

Todas essas lojas *pertencem a* um só empresário.

► **referir-se a:**

— Ontem na aula o professor *se referiu à* questão da imigração na Europa.

► **responder** (**a**)**:**

— Infelizmente não consegui *responder* todas as perguntas da prova.
— O ministro *respondeu a* todas as perguntas dos jornalistas.

- **satisfazer (a):**

  — Esse documentário ajudou a *satisfazer* minha curiosidade sobre a história do Japão.
  Os acordos assinados ontem com a Argentina *satisfizeram aos* interesses do governo uruguaio.

A/EM

- **chegar em/a + lugar:**

  — Quando foi que você *chegou em* Fortaleza?
  A primeira leva de imigrantes japoneses *chegou ao* Brasil em 1908.

A/EM/PARA

- **ir em/para/a + lugar**

  — *Vou no/pro/ao* cinema.
  — *Vou na/pra/à* reunião.
  — Hoje não *vou a* lugar nenhum.

  - **casa**:

    — Vou *pra* casa. (= *pra minha casa*)
    — Vou *na/pra/à* casa do Marcelo.

  - Em contextos formais, evita-se a preposição *em* com o verbo *ir*:

    A reitora da Universidade de Brasília *vai a* Paris participar de um congresso internacional de educação.
    Depois da Proclamação da República, em 1889, o imperador D. Pedro II *foi para* a França, onde morreu em 1891.

- **vir em/a/para + lugar:**

  — É a primeira vez que *venho nesse* restaurante.
  — Me espera um minutinho, *vou ao* banheiro e já volto.
  O ministro *veio ao* Rio de Janeiro inaugurar a obra.
  — Você vai pra festa de aniversário do Raul?

  - Em contextos formais, evita-se a preposição *em* com o verbo *vir*:

    O governador de São Paulo *veio a* Brasília para um encontro com os deputados de seu partido.
    Os primeiros imigrantes alemães *vieram para* o Brasil no início do século XIX.

A/PARA

- **dar algo a/para alguém:**

  — Sempre *dou* gorjetas *pros* garçons.

▸ **dizer algo a/para alguém**:

— Ele *disse pra mim* que era melhor a gente deixar pra viajar no mês que vem.

COM

▸ **acostumar-se com/a algo** |☛ *acostumar-se a* + infinitivo|:

— Eu nunca vou *me acostumar com o* clima instável de São Paulo.
— Você já *se acostumou ao* novo horário de funcionamento dos bancos?

▸ **assustar-se com:**

— Minha cachorrinha *se assustou com* o barulho dos fogos de artifício ontem à noite.

▸ **concordar com**:

— *Concordo com* a sua análise da situação política atual.

▸ **confundir algo/alguém com:**

— Aquela moça acenou pra mim, mas não sei quem é ela.
— Deve *ter confundido você com* outra pessoa.

▸ **confundir-se com:**

— Eu sempre *me confundo com* as datas de aniversário dos meus amigos.

▸ **continuar** (**com**):

— É importante que você *continue* (com) o tratamento.

▸ **deparar(-se) com** ('encontrar alguém de modo inesperado'):

— Outro dia, eu *me deparei com* o ex-marido da Sandra no elevador.
Ao sair do hotel, o ator *deparou com* um grupo de fãs que gritavam seu nome.

▸ **encontrar(-se com):**

— Eu devo (me) *encontrar* (com) o Rafael amanhã de tarde.

▸ **implicar com** ('demonstrar ou agir com impaciência, antipatia; importunar') |☛ *implicar em*|:

— Maria, pare de *implicar com* o seu primo!

▸ **namorar (com):**

— Minha filha *está namorando* um colega de escola.
— Há quanto tempo o Marcelo *tá namorando com* o Felipe?

▸ **parecer-se com:**

— Eduardo *se parece muito com* o pai.

- **preocupar-se com algo/alguém** |☛ *preocupar-se em*|:

— Você *se preocupa* demais *com* a Renata, mas ela já é capaz de tomar decisões sozinha.

- **sonhar com:**

— Ontem eu *sonhei com* vários amigos meus numa festa na praia.

- **surpreender-se com:**

Os visitantes *se surpreenderam com* a beleza do Palácio do Itamaraty.

DE

- **aproximar-se de:**

O ensino de língua precisa *se aproximar* mais *da* realidade dos usos cotidianos.

- **compor-se de:**

A União Europeia *compõe-se de* 27 países.

- **consistir de/em:**

A União Europeia *consiste de* 27 países.
A pesquisa *consistiu na* coleta de dados sobre os hábitos alimentares da população brasileira.

- **constituir-se de:**

A União Europeia *constitui-se de* 27 países.
A pesquisa *constituiu-se da* coleta de dados sobre os hábitos alimentares da população brasileira.

> OBS.: Os verbos *compor-se de, consistir-se de* e *constituir de/em* têm sentido bastante semelhante.

- **cuidar de:**

Pessoas de todas as idades devem fazer atividades físicas e *cuidar do* corpo.

- **duvidar de:**

— Meu primo não acredita em nada e *duvida de* tudo.

- **esquecer-se de/esquecer:**

— Quando sair de férias, quero *me esquecer de* todos os problemas do trabalho.
— Quando cheguei em casa é que vi que *tinha esquecido* o celular na farmácia!

- **gostar de:**

— Mário não *gosta de* comida japonesa.

- **lembrar(-se) de:**

  — Nunca *me lembro do* nome da professora de francês!
  — Não consigo *lembrar* o título do filme que vi ontem na televisão.

- **morrer de:**

  — Minha avó *morreu de* causas naturais.

- **participar de/em:**

  Os estudantes devem *participar dos* debates sobre o futuro das universidades.

- **precisar de:**

  — Boa tarde, eu tô *precisando de* um ferro de passar roupa. Que modelos vocês têm?

- **tratar-se de** (sempre na 3ª pessoa do singular, sem sujeito):

  — Quando *se trata de* férias, as minhas preferidas são sempre nas praias do Nordeste.

EM

- **acarretar (em) algo**:

  Utilizar um produto fora do prazo de validade pode *acarretar* danos à saúde.
  A escassez de chuvas *acarretou em* aumento dos preços de frutas e verduras.

- **bater em:**

  A gente nunca deve *bater no* nosso animal de estimação.
  — Gabriel, tem alguém *batendo na* porta! Atenda aí, por favor.

> Obs.: Sem preposição, ocorre em: *bater o carro* (num acidente), *bater a massa do bolo, bater a porta* ('fechar com muita força') etc.

- **concentrar-se em:**

  — Preciso *me concentrar nos* estudos porque vou ter duas provas na semana que vem.

- **confiar em:**

  — Pode *confiar na* Giovana, ela é uma ótima arquiteta.

- **acreditar em:**

  — Não se deve *acreditar em* tudo o que aparece nas redes sociais.

> Obs.: Sem preposição, costuma expressar opinião: *acredito que*.

- **implicar (em)** ('ter como consequência, causar') |☛ *implicar com*|:

  A defesa da democracia *implica [em]* lutar contra o racismo.

- **pensar em/sobre:**

  — Antes de viajar, *penso em* todos os detalhes.
  — Se não quiser decidir agora, ao menos *pense sobre* o assunto.

- **preocupar-se em + infinitivo** (☛ *preocupar-se com*)**:**

  Em seu novo livro, o autor *se preocupou em* discutir questões ecológicas.

POR

- **apaixonar-se por:**

  — No filme, a personagem principal *se apaixona pelo* namorado da amiga.

- **desculpar-se por:**

  — O Antônio ainda não *se desculpou pelas* grosserias que ele disse ontem pro Joel.

- **interessar-se por**:

  — Meu sobrinho sempre *se interessou pelas* questões indígenas.

OBS.: Também ocorre na construção *algo interessa a alguém*:

  — Esse assunto me interessa muito.

- **esperar** (**por**)**:**

  — Eu fiquei esperando [por] vocês durante mais de uma hora.

- **trocar uma coisa por outra:**

  — Nos dias de hoje, tem gente querendo *trocar* a cidade *pelo* campo.

3.16.1 Omissão da preposição *de*

▸ No PB falado e escrito, quando o verbo vem antes de oração com *que*, é comum omitir a preposição *de*:

— Eu *gosto de* viajar sozinha.
— Meus pais não *gostam ø que* eu viaje sozinha.

Precisamos de mais investimentos em saúde e educação.
— Eu *preciso ø que* você me ajude na decoração para a festa de formatura.

— *Tenho a impressão de* já ter visto essa moça antes.
— *Tenho a impressão ø que* já conheço essa funcionária nova.

CAPÍTULO 4

Substantivos

► Os substantivos podem ser de dois gêneros, *masculino* e *feminino*, e de dois números, *singular* e *plural*. Os artigos, os adjetivos, os possessivos e os demonstrativos concordam em gênero e número com os substantivos:

o livro, esses carros antigos, aqueles rapazes
a minha mãe, as cidades grandes, essa roupa

4.1 Gênero

► Os substantivos podem ser do gênero *masculino* ou *feminino*. De modo geral, nem sempre é possível saber o gênero pela terminação, mas pode-se aprender algumas regras. É importante lembrar que a presença do artigo permite saber o gênero do substantivo |☛ 6|.

▸ Regra geral:

MASCULINO	FEMININO
-o (átono)	**-a** (átono)
o almoço, o banco, o carro, o governo, o livro, o perigo, o sapato etc.	a biblioteca, a bola, a casa, a doença, a história, a justiça, a rua etc.
Exceções: a tribo, a foto (a fotografia), a moto (a motocicleta) o dia, o mapa, o samba, o planeta, o tapa o cinema, o clima, o drama, o idioma, o fantasma, o pijama	

São do gênero masculino:

Pontos cardeais	o Norte, o Sul, o Leste, o Oeste, o Nordeste
Oceanos e mares **Rios** **Montanhas**	o Atlântico, o Pacífico, o Mediterrâneo o Nilo, o Reno, o Amazonas o Etna, o Pico da Neblina, o Everest
Línguas	o português, o espanhol, o inglês, o chinês, o catalão, o italiano, o malaio
Cores	o azul, o amarelo, o branco, o vermelho, o verde, o preto
Letras	o bê, o jota, o zê
Números	o um, o dois, o dez, o cem
Palavras substantivadas (infinitivos, advérbios etc.)	o fazer, o jantar, o amanhã, o bem

▸ São, em geral, do gênero masculino:

-á	o chá, o guaraná, o maracujá, o sofá, o tamanduá *Exceção*: a pá
-i (átono ou tônico)	o abacaxi, o caqui, o guri, o javali, o júri, o kiwi, o pênalti, o siri, o táxi
-u (-au/-éu/-eu)	o bambu, o caju, o peru, o tatu o bacalhau, o cacau, o degrau, o mingau o céu, o chapéu, o museu, o troféu
-ate **-ete** [e] **-ote** [ɔ]	o abacate, o chocolate, o debate, o iate, o tomate o banquete, o bilhete, o foguete, o sorvete o boicote, o caixote, o decote, o pacote

-ar	o azar, o bar, o bem-estar, o calcanhar, o jantar, o lar, o lugar, o mar
-er[1] [e] (átono ou tônico)	o blazer [ei], o caráter, o freezer [i], o hambúrguer, o lazer, o pulôver, o prazer
-ir*	o faquir, o elixir
-or [o]	o abridor, o amor, o calor, o corredor, o elevador, o favor, o humor, o motor, o sabor, o terror, o valor *Exceções*: a cor, a dor, a flor
-ém*	o armazém, o refém
-im	o aipim, o amendoim, o capim, o fim, o jardim
-om	o batom, o bombom, o dom, o garçom, o som
-um*	o álbum, o atum, o jejum
-ume*	o ciúme, o costume, o legume, o perfume, o volume
-l (-al/-el/-ol)[2]	o animal, o cristal, o hospital, o jornal, o local, o manual, o quintal, o sal *Exceções*: a catedral, a vogal [ɛʊ] o anel, o gel, o hotel, o mel, o painel, o papel, o pincel, o túnel [e]; [ɔʊ] o cachecol, o farol, o futebol, o lençol, o sol [oʊ] o gol
-ma	o cinema, o clima, o diploma, o drama, o esquema, o idioma, o fantasma, o pijama, o problema, o programa, o sistema, o telefonema, o tema *Exceções*: a alma, a cama, a fama, a norma
-s*	o ananás, o atlas, o gás, o lápis, o mês, o ônibus, o país, o pires

* São poucos os substantivos de uso comum terminados em *-ir, -ém, -um, -ume, -s*.

► São do gênero feminino:

Ciências e áreas de conhecimento	a medicina, a ecologia, a linguística, a história, a matemática, a filosofia, a engenharia, a física *Exceção*: o direito

[1] São do gênero masculino, mas têm *e* aberto final: *o talher, o chofer*. São do gênero feminino e têm *e* aberto final: *a mulher, a colher.*

[2] Em PB, muitas palavras terminadas em *-el* são adjetivos, por causa do sufixo *-vel*: *imperdível, durável, flexível etc.* As terminações *-el* e *-ol* têm *e* aberto e *o* aberto. A palavra *gol* tem *o* fechado porque é uma adaptação do inglês *goal.*

Dias da semana	a segunda-feira, a terça-feira, a quarta-feira, a quinta-feira, a sexta-feira *Exceções*: o sábado, o domingo
Continentes	a América, a Europa, a África, a Ásia, a Oceania, a Antártida

▸ Geralmente são do gênero feminino:

-ção[3]	a ação, a alimentação, a canção, a duração, a injeção, a nação, a noção, a opção, a traição, a valorização *Exceção*: o coração
-dade, -ade	a atividade, a autoridade, a eletricidade, a felicidade, a habilidade, a idade a amizade, a grade
-agem -igem, ugem*	a bagagem, a coragem, a embalagem, a garagem, a hospedagem, a imagem, a reportagem, a viagem *Exceção*: o/a personagem a fuligem, a origem, a vertigem, a ferrugem
-ice	a burrice, a doidice, a hélice, a idiotice, a velhice *Exceção*: o cálice
-ície	a superfície, a planície, a imundície, a calvície

* São poucas as palavras terminadas em *-igem* e *-ugem*.

▸ As árvores frutíferas costumam acompanhar o gênero da fruta:

a banana — a bananeira	o abacate – o abacateiro
a goiaba — a goiabeira	o açaí — o açaizeiro
a laranja — a laranjeira	o caju — o cajueiro
a manga — a mangueira	o caqui — o caquizeiro
a jabuticaba — a jabuticabeira	o limão — o limoeiro
a jaca — a jaqueira	o mamão — o mamoeiro

* **Exceção**: o figo – a figueira

Obs.: Para algumas árvores frutíferas é comum se usar *pé de ...*: pé de abacate, pé de goiaba, pé de jabuticaba, pé de manga, pé de mamão etc.

[3] Muitos desses substantivos costumam vir da combinação: verbo + *-ção* (trair > traição, valorizar > valorização, durar > duração etc.).

4.1.1 Masculino ⟷ feminino

▸ A mudança de gênero ocorre quando o substantivo designa pessoas ou animais.

▸ Substantivos que mudam a terminação:

-o → -a	o boneco/a boneca o médico/a médica o menino/a menina
-s, -ol → + -a	o deus/a deusa o freguês/a freguesa **Nacionalidades**: o francês/a francesa o português/a portuguesa o inglês/a inglesa o espanhol/a espanhola
-ão → -ã	o anão/a anã o campeão/a campeã o cidadão/a cidadã o irmão/a irmã **Nacionalidades**: o afegão/a afegã o alemão/a alemã o catalão/a catalã
-ão → -ona	o comilão/a comilona o valentão/a valentona
-ão → -oa	o leão/a leoa o leitão/a leitoa o patrão/a patroa
-eu → -eia [eu] [ɛia]	o ateu/a ateia o europeu/a europeia o hebreu/a hebreia
-or → + -a [ora]	**Profissões:** o doutor/a doutora o professor/a professora o diretor/a diretora o cantor/a cantora o embaixador/a embaixadora[4] *Exceção*: o ator/a atriz

[4] A *embaixadora* é a mulher que desempenha funções diplomáticas. A *embaixatriz* é a esposa do embaixador.

► Existem algumas formas especiais de feminino empregadas para títulos de nobreza:

• o conde	• a condessa
• o marquês	• a marquesa
• o barão	• a baronesa
• o imperador	• a imperatriz
• o príncipe	• a princesa
• o rei	• a rainha
• o cônsul	• a consulesa

► Substantivos que não mudam a forma nos dois gêneros:

-ista	o/a turista **Profissões:** o/a artista o/a dentista o/a economista o/a intérprete o/a jornalista o/a motorista o/a pianista o/a taxista
-ante, -ente	o/a estudante o/a comerciante o/a cliente o/a doente o/a gerente o/a paciente o/a residente Obs: Há substantivos em *-inte*, mas são raros: o/a contribuinte, o/a ouvinte, o/a pedinte.
Outros	o/a atleta o/a belga o/a colega o/a fã o/a indígena o/a intérprete o/a jovem o/a personagem o/a vietnamita

► Substantivos de gênero único:

- **Pessoas**:

• o bebê:	Laura é um lindo bebê. Luís é um lindo bebê.
• o cônjuge:	Maria é meu cônjuge. João é meu cônjuge.
• a criança:	Marcela é uma criança muito alegre. Maurício é uma criança muito alegre.
• a pessoa:	Ana é uma pessoa simpática. Igor é uma pessoa simpática.
• a testemunha:	Susana era a testemunha do crime. Ricardo era a testemunha do crime.
• a vítima:	A vítima João sobreviveu. A vítima Marta sobreviveu.

- **Animais**:
  - a baleia
  - a cobra
  - o jacaré
  - o pernilongo

> OBS.: Para se especificar o sexo dos animais, é possível acrescentar *macho* e *fêmea*: *o jacaré macho* e *o jacaré fêmea*, *a cobra macho* e *a cobra fêmea* etc.

► Substantivos com duas formas diferentes:

- **Pessoas**:

• o genro	• a nora
• o homem	• a mulher
• o rapaz	• a moça
• o pai	• a mãe
• o avô	• a avó

- **Animais**:

• o bode	• a cabra
• o boi	• a vaca
• o cão	• a cadela
• o carneiro	• a ovelha
• o cavalo	• a égua
• o galo	• a galinha

4.1.2 Gêneros e significados diferentes

► Algumas palavras mudam de gênero e de significado, mas permanecem com a mesma forma:

FEMININO	MASCULINO
a cabeça ('parte superior do corpo'): No verão, é bom proteger *a cabeça* com um boné ou um chapéu.	**o cabeça** ('chefe; pessoa que dirige ou comanda algum movimento'): A polícia ainda não conseguiu prender *o cabeça* da quadrilha que assaltou o banco. Obs.: Geralmente com sentido negativo.
a caixa ('recipiente para guardar objetos'): — Vou levar *essa caixa* com livros usados para doar à biblioteca da escola.	**o caixa 1** ('local onde se faz o pagamento num estabelecimento comercial'): — Nós temos *dois caixas* na loja. **2** ('funcionário que atende os clientes no caixa'): — *O caixa* do banco que me atendeu é filho da minha professora de ioga.
a capital ('cidade onde fica o governo de um país ou de um estado'): A cidade de Salvador é *a capital* do estado da Bahia e foi *a primeira capital* do Brasil.	**o capital** ('dinheiro, imóveis etc. que pertencem a alguém ou a uma empresa'): O governo vai abrir *o capital* da empresa para receber investimentos estrangeiros.
a cara (de uso informal; 'face'): — No meio da multidão que protestava na praça, eu vi *muitas caras conhecidas*.	**o cara** (de uso informal; 'rapaz, homem'): — Passou por aqui ontem *um cara* perguntando por você.
a grama ('erva, capim'): Os jardineiros da prefeitura vão cortar *a grama* do Parque da Cidade porque está muito alta.	**o grama** ('medida de peso'): Para essa receita, bastam *uns 15 gramas* de sal. Obs.: É comum o uso de *grama* (medida) no feminino: — Por favor, eu quero *duzentas gramas* de presunto e *duzentas* de queijo.
a guarda 1 ('cuidado; proteção'): Estes documentos históricos vão ficar sob *a guarda* do Museu da Cidade. **2** ('grupo de pessoas que exercem vigilância e proteção'): Uma das atrações turísticas de Londres é a troca *da guarda* do palácio real.	**o guarda** ('homem que exerce funções de vigilância e controle; policial'): — *O guarda* de trânsito me disse que a ponte estava interditada por causa de um acidente.
a modelo ('mulher que divulga marcas de roupas em desfiles e fotografias'): Algumas *modelos* brasileiras se tornaram muito famosas internacionalmente.	**o modelo 1** ('homem que divulga marcas de roupas em desfiles e fotografias'): Rafael vai trabalhar como *modelo* no exterior. **2** ('padrão ou forma que serve de exemplo'): O novo *modelo* do carro não agradou os consumidores.

a rádio ('estação que envia sons a distância'): *A Rádio Nacional do Brasil* transmite programas em português para todo o mundo em ondas curtas.	**o rádio** ('aparelho que capta as emissões da estação'): — Vou ligar *o rádio* do carro para ouvir as últimas notícias sobre as eleições.
a rosa ('flor'): A *rosa* vermelha é considerada um símbolo de amor.	**o rosa** ('cor'): — Gostei desse vestido, com um contraste entre o azul e o *rosa*.
a segurança ('conjunto de medidas para proteger alguém ou algo; resultado das medidas'): Milhares de policiais garantiram *a segurança* no Jogos Olímpicos.	**o segurança** ('homem que trabalha para a segurança de alguém ou algo'): *Os seguranças* do ministério impediram a entrada dos jornalistas.

4.2 Plural

- A forma de plural vai depender da terminação do substantivo.
- Palavras terminadas em vogal:

Vogal + -s	
-a, -á, -ã	a história/as histórias; a mesa/as mesas o maracujá/os maracujás; o sofá/os sofás a maçã/as maçãs; a irmã/as irmãs
-e, -é, -ê	o estudante/os estudantes; a cidade/as cidades; a mãe/as mães o boné/os bonés; o acarajé/os acarajés; o pé/os pés o guichê/os guichês; o bebê/os bebês; a tevê/as tevês
-i, -í	o boi/os bois; o caqui/os caquis; o rei/os reis o açaí/os açaís Obs.: São raros os substantivos de uso comum terminados em -í.
-o, -ó, -ô	o banco/os bancos; o carro/os carros a avó/as avós; o nó/os nós o robô/os robôs; o bangalô/os bangalôs
-u, -ú	o chapéu/os chapéus; o peru/os perus; o tatu/os tatus o baú/os baús

- Palavras que terminam em ***-ão***:

-ão → -ões[5] (sílaba final tônica)	o balão/os balões; o coração/os corações; a exceção/as exceções; o limão/os limões; a nação/as nações; a opinião/as opiniões; a reunião/as reuniões *Exceções*: o cidadão/os cidadãos; o cristão/os cristãos; o irmão/os irmãos

[5] Esse é o plural mais comum para as palavras em *-ão*.

-ão → -s (sílaba final átona; palavras de uma sílaba)	a bênção/as bênçãos; o órfão/os órfãos; o órgão/os órgãos; o sótão/os sótãos o grão/os grãos; a mão/as mãos
-ão → -ães (poucos casos)	o alemão/os alemães; o cão/os cães; o capitão/os capitães; o catalão/os catalães; o pão/os pães
-ão → plurais múltiplos (poucos casos)	o charlatão/os charlatães, charlatões o corrimão/os corrimãos, corrimões o guardião/os guardiães, guardiões

▸ Palavras terminadas em consoante:

Terminação	**Exemplos**
-m → -ns	o álbum/os álbuns; o armazém/os armazéns; o cupom/os cupons; o homem/os homens; o trem/os trens; a viagem /as viagens
-r, -s, -z + -es	o bar/os bares; o cantor/os cantores; o lugar/os lugares o francês/os franceses; o mês/os meses; o país/os países o cartaz/os cartazes; o rapaz/os rapazes; a vez/as vezes
-l → - is	o animal/os animais; o jornal/os jornais; o nível/os níveis; o papel/os papéis; o lençol/os lençóis *Exceções*: o gol/os gols; o cônsul/os cônsules; o mal/os males
-il → -is	o barril/os barris; o funil/os funis; o fuzil/os fuzis
-n + -s (casos raros)	o hífen/os hifens, hífenes; o abdômen/os abdomens, abdômenes

▸ Há palavras que são iguais no singular e no plural, mas são poucas:

• o atlas	• os atlas
• o cais	• os cais
• o lápis	• os lápis
• o ônibus	• os ônibus
• o pires	• os pires
• o óculos	• os óculos

▸ Substantivos no masculino plural que designam relações de parentesco incluem o masculino e o feminino:

- os filhos = só os filhos, ou os filhos e as filhas
- os irmãos = só os irmãos, ou os irmãos e as irmãs
- os pais = o pai e a mãe
- os primos = só os primos, ou os primos e as primas

- os tios = só os tios, ou os tios e as tias
- os avós = o avô e a avó

► Alguns substantivos designam um grupo (substantivos coletivos):

- a multidão (de pessoas)
- a banda (de músicos)
- o bando (de aves)
- a quadrilha (de bandidos)
- a turma (de alunos)

4.2.1 Plural de substantivos compostos

► Substantivos compostos são palavras formadas pela junção de duas palavras. É possível formá-los de diversas maneiras:

- dois substantivos: *navio-escola, couve-flor, peixe-boi*
- dois substantivos unidos por preposição: *cor-de-rosa, pé-de-moleque, água-de-colônia*
- substantivo + adjetivo: *carne-seca, cachorro-quente, dedo-duro*
- verbo + substantivo: *beija-flor, quebra-cabeça, saca-rolhas*
- sem separação das palavras: *vaivém, aguardente, paraquedas*

► No caso das palavras compostas com hífen, a forma do plural depende do tipo de composição — para saber se uma palavra composta tem hífen, deve-se consultar um dicionário ou o Vocabulário Ortográfico da Língua Portuguesa (VOLP).

► As duas partes vão para o plural:

- Substantivo + adjetivo/adjetivo + substantivo:

• a alta-costura	• as altas-costuras
• a carne-seca	• as carnes-secas
• o cachorro-quente	• os cachorros-quentes
• o dedo-duro	• os dedos-duros
• o guarda-noturno	• os guardas-noturnos

► Apenas a primeira parte vai para o plural:

- Substantivo + *de* + substantivo:

• a cana-de-açúcar	• as canas-de-açúcar
• o pé-de-meia	• os pés-de-meia

- Dois substantivos (quando o segundo caracteriza o primeiro):

• a bomba-relógio	• as bombas-relógio (bombas do tipo relógio)
• o salário-família	• os salários-família (salário para a família)

▸ Apenas a segunda parte vai para o plural:

- Verbo + substantivo:

• o bate-boca	• os bate-bocas
• o bate-papo	• os bate-papos
• o beija-flor	• os beija-flores
• o guarda-chuva	• os guarda-chuvas
• o guarda-roupa	• os guarda-roupas

- Palavra que não se flexiona + substantivo:

• a micro-onda	• as micro-ondas
• o super-homem	• os super-homens
• o vice-presidente	• os vice-presidentes

- Palavras repetidas:

• o quebra-quebra	• os quebra-quebras
• o reco-reco	• os reco-recos
• o tique-taque	• os tique-taques
• o troca-troca	• os troca-trocas

▸ As duas partes podem ir para o plural ou apenas a primeira:

- Dois substantivos:

• a couve-flor	• as couves-flores/as couves-flor
• o porco-espinho	• os porcos-espinhos/os porcos-espinho
• a palavra-chave	• as palavras-chaves/as palavras-chave

4.3 AUMENTATIVO E DIMINUTIVO

▸ Os substantivos podem receber sufixos de aumentativo (tamanho maior) e de diminutivo (tamanho menor).

▸ Aumentativo

-ão **-ona** (fem.)	o amigo o peixe a parede a moça a criança	o amigão o peixão o paredão a moçona a criançona
-rão (caso único)	a casa	o casarão

▸ No aumentativo em *-ão*, é comum que palavras do gênero *feminino* passem para o *masculino*:

• a barriga	• o barrigão
• a cabeça	• o cabeção
• a casa	• o casarão
• a garrafa	• o garrafão
• a mulher	• o mulherão
• a palavra	• o palavrão
• a parede	• o paredão
• a voz	• o vozeirão

► Diminutivo

-inho, -inha (geralmente depois de vogal em sílaba átona e das consoantes *-s* e *-z*)	o cachorro a casa a boca o nariz o rapaz	o cachorrinho a casinha a boquinha o narizinho o rapazinho
-zinho, -zinha (geralmente depois de vogal em sílaba tônica e de consoante)	a avó o café o chapéu o coração a mãe a colher o bar	a avozinha o cafezinho o chapeuzinho o coraçãozinho a mãezinha a colherzinha o barzinho

► No plural, o substantivo e o sufixo vão para o plural, mas o substantivo perde o *-s*:

• o pãozinho	• os pãezinhos
• o alemãozinho	• os alemãezinhos
• o pastelzinho	• os pasteizinhos

► A tendência em algumas palavras, no entanto, é receber a marca de plural apenas no final: *florzinhas*, *barzinhos* etc.

► Os sufixos de aumentativo e de diminutivo também são usados para expressar ironia, crítica, desprezo, carinho etc.:

— Ele tem um *narigão*! (crítica; ironia)
— Ela é um *amorzinho*! (carinho)
— Que *carrão*! (elogio)
— Que *trabalhinho*, hein? (crítica; desprezo)
— Sua filha ficou uma *moçona* bonita! (elogio)

4.4 Substantivos com preposição

Em PB, há substantivos que pedem preposições específicas (aqui estão apenas alguns):

- **acordo COM/ENTRE**

  O *acordo* comercial do Brasil *com* a Argentina foi assinado ontem em Buenos Aires.
  O *acordo entre* os dois países foi um sucesso.

- **admiração POR**

  — Tenho muita *admiração pelas* pessoas que se dedicam à educação.

- **capacidade DE/PARA**

  O auditório tem *capacidade para* 500 pessoas.
  Cada estado deve ter a *capacidade de* vacinar toda a população.

- **diferença ENTRE**

  — Qual é a *diferença entre* essas duas marcas de televisão?

- **dúvida SOBRE**

  — Professora, eu tenho uma *dúvida sobre* o uso do imperfeito em português.

- **falta DE**

  — Não consegui concluir o curso por *falta de* tempo.

  Com possessivos, não se usa preposição:

  — Por que você não veio no meu aniversário? Senti *sua falta*.

- **jogo CONTRA/ENTRE**

  O Brasil ganhou o *jogo contra* a Itália por 2 a 0.
  No *jogo entre* o Brasil e a Itália, deu 2 a 0 pro Brasil.

- **interesse POR/EM**

  — Tenho *interesse em* aprender o português brasileiro.
  — Tenho *interesse pelo* português brasileiro.

- **medo DE**

  — Você tem *medo de* cachorro?
  — Você tem *medo de* viajar de avião?

- **necessidade DE**

  — A senhora tem *necessidade de* incluir mais frutas na sua alimentação.
  — Eu sinto cada vez mais *necessidade de* silêncio para trabalhar bem.

- **preocupação COM**

  Há uma *preocupação* mundial *com* a mudança climática.

- **procura** POR/DE

No momento, há uma grande *procura por* energias alternativas.
Nossa agência é ideal para quem está à *procura de* imóveis para jovens casais.

- **razão** POR **(que)**

— Você nunca me explicou a *razão por que* se desentendeu com a Sandra.
(também se usa: *razão pela qual*)

- **relação** DE/COM/ENTRE

— Sempre vale a pena ter uma boa *relação de* amizade com os colegas do trabalho.
— Minha *relação com* os colegas de classe é ótima.
— A *relação entre* os colegas de classe é ótima.

- **respeito** POR

O bom convívio social exige o *respeito pelas* diferenças de opinião.

- **resposta** A/PARA

— Você já mandou uma *resposta ao* e-mail da direção da escola?
A melhor *resposta para* a gripe é repousar e tomar muito líquido.

- **simpatia/antipatia** POR

— Eu tenho muita *simpatia pelas* pessoas que se dedicam a cuidar de animais.
— Não entendo essa sua *antipatia pelo* seu cunhado, ele sempre te tratou tão bem!

OBS.: Substantivos com a preposição **sobre** | ☛ 11.19 |.

CAPÍTULO 5
Adjetivos

- Os adjetivos qualificam os substantivos e concordam com eles em gênero e número.
- Os adjetivos costumam aparecer nas seguintes construções:
  - junto do substantivo:

	singular	plural
masculino	rapaz bonito	rapazes bonitos
feminino	moça bonita	moças bonitas

  - com os verbos *ser, estar, ficar* etc.:

— Meu primo não pôde sair com a gente porque estava *doente*.
— Sua irmã está *bonita* com o novo corte de cabelo.
— Depois do passeio, as crianças ficaram *cansadas*.

- com outros verbos, funcionando como advérbios (trata-se de um caso especial dos adjetivos, em que eles não mudam a forma |☛ 5.4.2|):

  — Não gosto de gente que fala *alto*.
  — Não gosto de pessoas que falam *alto*.

► A maioria dos adjetivos vem depois do substantivo:

roupa lavada; mulher casada; alunos felizes; problema difícil

► Alguns adjetivos podem vir antes do substantivo. Essa posição geralmente expressa ênfase, mas pode haver mudança de significado:

— Preciso de um *carro grande* pra caber toda a família. ('de tamanho grande')
— Nelson Mandela foi um *grande homem*. ('importante, com qualidades positivas')
— Hoje ele é milionário, mas foi uma *criança pobre*. ('sem dinheiro')
— *Pobre cidade* a nossa! Todo ano sofre com as inundações no verão. ('infeliz')
— Apesar de muito rica, ela levava uma *vida simples*. ('humilde, sem luxo')
— Não vou deixar de ir ao cinema por causa de uma *simples dor de cabeça*. ('insignificante, sem importância')
— Ontem encontrei um *velho amigo* no cinema. ('antigo e querido')
— Ela ainda é jovem, mas já tem a aparência de uma *mulher velha*. ('não jovem')

► *Melhor, pior, maior* e *menor* podem vir antes ou depois do substantivo.

► Quando vêm antes, indicam o superlativo (*o melhor macarrão, o menor preço, o pior resultado, a maior montanha* etc.).

► Quando vêm depois, indicam o comparativo (*uma blusa maior do que..., um espaço menor do que...*).

► *Mero/mera* ('simples') sempre vêm antes do substantivo: uma *mera* coincidência; um *mero* detalhe.

5.1 Gênero

► Assim como os substantivos, os adjetivos podem ser do gênero *masculino* ou *feminino*.

► Adjetivos em *-o* no masculino fazem o feminino em *-a* (pronúncia das vogais |☛ 1.3|):

-o (MASCULINO)	-a (FEMININO)
almoço gostoso armário branco homem mexicano	comida gostosa mesa branca mulher mexicana

► Adjetivos que recebem um *-a* no feminino:

Masculino		Feminino	
-or	homem trabalhador	**-ora**	mulher trabalhadora
-ol	povo espanhol	**-ola**	bandeira espanhola
-ês	povo português	**-esa**	bandeira portuguesa
-u	peixe cru	**-ua**	carne crua

► Adjetivos em *-eu* [e] fazem o feminino em *-eia* [ɛ]:

-eu	país europeu	**-eia**	nação europeia Exceção: judeu/judia

► Adjetivos que terminam em *-ão* fazem o feminino em *-ã* ou *-ona*:

Masculino		Feminino	
-ão	Ele é alemão. Ele é catalão.	**-ã**	Ela é alemã. Ela é catalã.
	rapaz brincalhão menino comilão homem solteirão	**-ona**	moça brincalhona menina comilona mulher solteirona

► Alguns adjetivos têm formas especiais:

- homem bom • mulher boa
- homem mau • mulher má

► Adjetivos com apenas uma forma para o masculino e o feminino:

	Masculino	Feminino
-l	sofá confortável exercício fácil rapaz gentil céu azul	cadeira confortável tarefa fácil moça gentil blusa azul
-m	cidadão comum cheiro ruim	situação comum notícia ruim *Exceção*: bom/boa
-r	movimento popular curso particular maior risco	música popular aula particular maior parte

-s	homem simples curso grátis	pessoa simples amostra grátis
-z	final feliz carro veloz	história feliz nadadora veloz
-a (poucos)	vestido rosa chocolate belga costume indígena	saia rosa cerveja belga reserva indígena
-ista	movimento feminista comportamento machista	luta feminista atitude machista
-e	amigo canadense sujeito falante biscoito doce homem elegante	amiga canadense pessoa falante bolacha doce mulher elegante
-i (raros)	idioma bengali	língua bengali
-u (raros)	templo hindu	religião hindu
o adjetivo **só**	homem só	pessoa só

- Nos adjetivos compostos, apenas o segundo elemento muda:
  - Ele é ítalo-brasileiro.
  - Ela é ítalo-brasileira.
- Se o segundo elemento for um substantivo, então a forma não muda:
  - vestido azul-piscina
  - saia azul-piscina

5.2 Plural

- No plural, os adjetivos seguem as mesmas regras que os substantivos.
- Adjetivos em vogal:

Vogal → -s	• porta aberta • casa grande • cidadão europeu • comida alemã	• portas abertas • casas grandes • cidadãos europeus • comidas alemãs

► Adjetivos em *-ão*:

-ão → -ões	• rapaz grandão	• rapazes grandões
→ -ãos	• templo cristão	• templos cristãos
→ -ães	• passaporte alemão	• passaportes alemães

► Adjetivos que terminam em consoante:

-m → -ns	• relógio bom • relógios bons
-r, -s, -z → -es	• aula particular • aulas particulares • carro menor • carros menores • produto chinês • produtos chineses • criança feliz • crianças felizes *Exceção*: pessoa simples – pessoas simples
-l → -is	• piscina natural • piscinas naturais • cão fiel • cães fiéis • lugar agradável • lugares agradáveis • roupa azul • roupas azuis • cidadão espanhol • cidadãos espanhóis
-il → -is (sílaba tônica) **-il → -eis** (sílaba átona)	• pessoa gentil • pessoas gentis • atitude infantil • atitudes infantis • tarefa difícil • tarefas difíceis • atividade fácil • atividades fáceis

► Plural de formas compostas:

- Adjetivo + adjetivo, muda apenas o segundo adjetivo:
  - cidadão luso-brasileiro → cidadãos luso-brasileiros
- Adjetivo + substantivo, a forma não muda:
  - camisa verde-abacate → camisas verde-abacate
- Advérbio + adjetivo, muda o adjetivo:
  - pessoa bem-humorada → pessoas bem-humoradas

5.3 Adjetivos de origem

► Para formar os adjetivos que designam o país de origem, se emprega as seguintes terminações:

-ano/-ana: angolano, boliviano, iraniano, italiano, venezuelana, mexicana etc.
-ense: canadense, israelense, nicaraguense etc.

-ês/-esa:	chinesa, francês, inglesa, japonês, paquistanês, português etc.
-o/-a:	sueco, tcheco, paraguaio, uruguaio, argentino, eslovaco, suíça, sérvio, bósnia etc.
-ão/-ã	(poucos casos): afegão/afegã, alemão/alemã, catalão/catalã etc.
-enho/-enha	(poucos casos): madrilenho, hondurenho, panamenho etc.
Casos especiais:	Argélia – argelino Áustria – austríaco Bangladesh – bengali Bélgica – belga Brasil – brasileiro Bulgária – búlgaro Chile – chileno Costa do Marfim – marfinense Croácia – croata Egito – egípcio Equador - equatoriano Eritreia – eritreu Espanha – espanhol Estados Unidos – americano, norte-americano, estadunidense Etiópia – etíope Grã-Bretanha – britânico Grécia – grego Guatemala – guatemalteco Hungria – húngaro Iêmen – iemenita Inglaterra – inglês Madagascar – malgaxe Malásia – malaio Marrocos – marroquino Mônaco – monegasco Mongólia – mongol Nova Zelândia – neo-zelandês Tchéquia – tcheco Togo – togolês Vietnã – vietnamita

▶ Os adjetivos de estados brasileiros se formam com os sufixos *-ano* e *-ense* (exceto alguns casos particulares):

Unidade da Federação	Adjetivo
Acre	acriano/acriana
Alagoas	alagoano/alagoana

Amapá	amapaense
Amazonas	amazonense
Bahia	baiano/baiana
Ceará	cearense
Espírito Santo	capixaba
Goiás	goiano/goiana
Maranhão	maranhense
Mato Grosso	mato-grossense
Mato Grosso do Sul	sul-mato-grossense
Minas Gerais	mineiro/mineira
Pará	paraense
Paraíba	paraibano/paraibana
Paraná	paranaense
Pernambuco	pernambucano/pernambucana
Piauí	piauiense
Rio de Janeiro	fluminense
Rio Grande do Norte	potiguar
Rio Grande do Sul	gaúcho/gaúcha
Rondônia	rondoniense
Roraima	roraimense
Santa Catarina	catarinense
São Paulo	paulista
Sergipe	sergipano/sergipana
Tocantins	tocantinense

- Algumas cidades brasileiras têm formas especiais:

Belo Horizonte	belo-horizontino/-a
Brasília	brasiliense; candango/candanga
Manaus	manauara

Rio de Janeiro	carioca
Salvador	soteropolitano/soteropolitana
São Luís	ludovicense
São Paulo	paulistano/paulistana

▸ Os adjetivos de origem também podem ser compostos (apenas o segundo elemento muda):

- relações teuto-brasileiras (teuto = alemão)
- literatura hispano-americana (hispano = espanhol)
- comércio luso-brasileiro (luso = português)
- línguas indo-europeias (indo = indiano)

5.4 Adjetivos e advérbios

5.4.1 Comparativo e superlativo

▸ Os adjetivos e os advérbios fazem o comparativo com **mais ... [do] que** (superioridade) e **menos ... [do] que** (inferioridade):

A cerimônia começou *mais tarde [do] que* o previsto.
Em alguns lugares, a água mineral é *mais cara [do] que* o vinho.

▸ É comum o uso de *vezes* nas construções de comparação |☛ 10.5|:

— Minha casa é dez *vezes* mais bonita do que a dele!

▸ A comparação de igualdade se faz com **tão** + adjetivo ou advérbio ... **quanto:**

A saúde emocional é *tão* importante *quanto* a saúde física.
— Nosso bairro já não é *tão* tranquilo *quanto* era antes.

▸ Alguns advérbios e adjetivos têm formas especiais de comparação. *Melhor, pior, maior* e *menor* têm a mesma forma para o masculino e o feminino e fazem o plural com *-es* (*melhores, piores, maiores, menores*), enquanto *mais* e *menos* não mudam a forma:

- bem (adv.), bom/boa (adj.) → melhor:

  — O inglês do Carlos é *bom*, mas o da Joana é *melhor*.
  — As vendas da nossa loja foram *boas* esse ano, mas as do ano passado foram *melhores*.

- mal (adv.), mau/má (adj.), ruim → pior:

  — A conexão da internet no meu prédio ainda é *ruim*, mas já foi *pior*.

- pequeno → menor:

  — Meu apartamento novo é *pequeno*, mas antes eu morava num *menor*.

- grande → maior:

  — Sempre achei que tinha uma família *grande*, mas descobri que a do meu namorado é *maior do que* a nossa.

- muito → mais:

  — Gostei *muito* desse filme; gostei *mais do que* dos outros do mesmo diretor.

- pouco → menos:

  — Eu sempre bebi pouco e hoje bebo *menos do que* antes.

► Os comparativos *maior, menor, pior, melhor, mais* e *menos* podem ser reforçados com o emprego dos advérbios *muito* e *ainda*:

— Com as obras no centro da cidade, o trânsito ficou *muito pior*.
— Esse aplicativo já era bom, mas a nova versão está *melhor ainda*.

► Os adjetivos fazem o superlativo com **artigo** [...] + **mais/menos** + **adjetivo** [+ **de**]:

— Essa foi *a* viagem *mais barata* de todas as que já eu fiz.
— O meu quarto no hotel era *o menos barulhento*.
O mês de janeiro é *o mais quente do* ano no Brasil.

5.4.2 Adjetivos + *-íssimo/-érrimo*

► Em combinação com alguns adjetivos, as terminações *-íssimo/-íssima* expressam o superlativo absoluto (grau máximo, sem comparação com outros)[1]:

— Parabéns, sua casa é *belíssima*! (*bela* + *-íssima*)
— Com a alta do dólar, viajar para o exterior ficou *caríssimo*! (*caro* + *-íssimo*)

- Alguns têm formas especiais:

  — A situação econômica do país está *péssima*. (ruim)
  — Conheço um remédio natural que é *ótimo* para dor de cabeça. (bom)

► As terminações *-érrimo/-érrima* e *-ílimo/-ílima* se combinam com alguns adjetivos, mas são pouco frequentes (nem todos os adjetivos são usados no superlativo absoluto):

— Quando jovem, ele era *paupérrimo*. (pobre)
— A prova do concurso foi *dificílima*. (difícil)
— Não se preocupe, a solução para esse problema é *facílima*. (fácil)

---

[1] As terminações de superlativo também podem se combinar com advérbios, como em *Ele chegou cedíssimo/tardíssimo*, mas isso é mais raro.

▸ Na fala informal, costuma-se usar o superlativo com a terminação *-érrimo/-érrima* para dar ênfase ou expressar ironia:

— A filha da Marta estava *chiquérrima* na festa de ontem.
— A palestra foi *chatérrima.*

5.4.3 Adjetivos como advérbios

▸ Muitos adjetivos, em sua forma masculina singular, podem ser empregados como advérbios. Quando funcionam como advérbios, não concordam em gênero ou número:

— Fale *baixo*, por favor!
— O chefe agiu *errado* quando criticou a Susana na frente de todo mundo.
— Se você seguir *direto* por essa rua, logo chega na praia.
— Nosso time jogou *limpo*, merecia ter ganhado.

5.5 Adjetivos com preposição

▸ Em PB, os adjetivos podem pedir preposições específicas (aqui estão apenas alguns):

- **acessível A**

  Infelizmente nem todos os edifícios são *acessíveis a* cadeirantes.

- **acostumado A/COM**

  — Não estou *acostumado a* ficar acordado até tarde da noite.
  — Não estou *acostumado com* essa vida agitada de cidade grande.

- **bom/ótimo PARA**

  Xarope de mel e agrião é *bom pra* tosse.

- **capaz DE**

  — Depois de estudar muito, acho que hoje sou *capaz de* escrever bem em português.

- **compatível COM**

  — Puxa, esse programa não é *compatível com* o meu computador.

- **diferente DE**

  — A vida de hoje é bem *diferente da* que nossos pais viveram.

- **equivalente A**

  Em junho, o número de pessoas vacinadas era *equivalente a* um terço da população.

- **essencial PARA**

  Incentivar o turismo é *essencial para* a economia das cidades de praia.

- **igual, superior, inferior A**

  As atividades deste ano não serão *iguais às* do ano passado porque teremos mais encontros *online*.

- **interessado EM**

  — Estamos fazendo uma vaquinha pra ajudar um colega. Quem está *interessado em* participar?

- **indeciso ENTRE/SOBRE**

  O número de *indecisos entre* o partido de direita e o de esquerda é maior do que se esperava.
  — Sou sempre *indecisa sobre* o que fazer em situações difíceis.

- **necessário A/PARA**

  Pesquisas científicas são *necessárias ao/para o* desenvolvimento do país.

- **responsável POR**

  Na minha opinião, o técnico é responsável pelo mau desempenho do time.

CAPÍTULO 6
Artigos

► O PB tem artigos masculinos e femininos, nas formas singular e plural[2]:

MASCULINOS		FEMININOS	
SINGULAR	PLURAL	SINGULAR	PLURAL
o	**os**	**a**	**as**

► O artigo indica o *gênero* e o *número* do substantivo e vem antes dele:

Masculino:

SINGULAR: o trabalho, o lugar, o país, o dente, o programa, o gol, o ônibus, o dia, o nível, o chefe, o mês, o homem etc.

PLURAL: os trabalhos, os lugares, os países, os dentes, os programas, os gols, os ônibus, os dias, os níveis, os chefes, os meses, os homens etc.

---

[2] Neste capítulo são considerados unicamente os *artigos definidos*. Os chamados *artigos indefinidos* (*um, uns, uma, umas*) são tratados no capítulo 10, *Números e outros quantificadores*.

Feminino:

SINGULAR: a folha, a reportagem, a árvore, a associação, a lei, a vez, a mulher, a rede, a série etc.

PLURAL: as folhas, as reportagens, as árvores, as associações, as leis, as vezes, as mulheres, as redes, as séries etc.

▶ O artigo pode vir acompanhado de número, quantificador indeterminado, adjetivo e de possessivo:

as duas mesas
os primeiros candidatos
as outras pessoas
o melhor amigo
os meus pais

▶ Quando colocado antes de palavras que não são substantivos, o artigo masculino converte essas palavras em *substantivos*:

- o amanhecer:

  — Gosto de ver *o amanhecer* na praia.

- o necessário:

  — Durante a reunião, fale somente *o necessário*, evite polêmicas.

- o amanhã:

  É difícil prever o que nos reserva *o amanhã* em matéria de mudança climática.

- o bem e o mal:

  Nas histórias para crianças, sempre aparece a oposição entre *o bem* e *o mal*.

- o sim, o não, o talvez:

  Entre *o sim e o não* costuma também aparecer *o talvez*.

6.1 Artigos e preposições

▶ Os artigos se combinam com as preposições *a, de, em, para, por*:

PREPOSIÇÃO	COMBINAÇÃO	
	SINGULAR	PLURAL
	masc./fem.	masc./fem.
A	**ao/à**	**aos/às**
DE	**do/da**	**dos/das**

EM	**no/na**	**nos/nas**
PARA	**pro/pra**	**pros/pras**
POR	**pelo/pela**	**pelos/pelas**

— É melhor fazer atividades físicas *pela* manhã.
A vida *no* campo é saudável.
— O que você falou *pro* seu pai?
— O carro *da* Maria é novo.

► Apesar de não fazerem parte da escrita oficial, as combinações com a preposição *para* são empregadas normalmente na fala e em textos escritos informais:

— Vou dar essa televisão de presente *pros* meus pais.

► Os artigos femininos singular e plural recebem o acento grave para indicar a junção da preposição *a* |☛ 1.10|:

— Ontem a família toda foi *à* praia.
(*ir a + a praia*)

6.2 Usos

► O artigo é usado:

- quando a coisa, pessoa etc. é específica:

  — *O dentista* que Mônica recomendou é mesmo muito bom.
  O cinema argentino tem feito muito sucesso no Brasil.
  O mês de setembro é o mais seco do ano em Brasília.

- quando a pessoa, coisa etc. foi mencionada antes:

  Comprei uma bicicleta velha e mandei pintar. Agora *a bicicleta* parece nova.

- quando se quer enfatizar as qualidades de uma pessoa, uma coisa etc.:

  — Esse não é um dicionário qualquer: é **o** *dicionário de português*!
  — Marília é **a** professora! Nunca tive outra igual!

► O artigo também ocorre:

- com animais, pessoas, coisas etc., de modo genérico, como um grupo ou uma categoria:

  As baleias devem ser protegidas porque correm o risco de extinção.
  As mulheres têm problemas de saúde específicos, assim como *os homens* têm os deles.
  Não se deve dormir com *o cabelo* molhado.

- com as estações do ano:

  A primavera vem depois *do inverno*.

- com nomes de datas festivas:

  o Ano Novo, o Carnaval, a Páscoa, o Natal etc.

- com medidas e pesos:

  — Nesse supermercado as uvas custam R$ 15,00 *o quilo*.
  — Esse apartamento custou R$ 3.000,00 *o metro quadrado*.

- com o superlativo |☛ 5.4.1|:

  — Minha irmã é *a pessoa mais organizada* que eu conheço.

- com nomes de empresas, instituições públicas, restaurantes, bares, ruas, times, programas de computador, canais de televisão etc.:

  — Meu irmão trabalha *na* Petrobras.
  — As novelas *da Globo* fazem muito sucesso em Portugal.
  — Onde mora a sua filha? *Na rua Nascimento Silva*, em Ipanema.
  — Meu pai sempre torceu *pelo Flamengo* (time de futebol do Rio de Janeiro).
  — Eu preparo minhas apresentações *no PowerPoint*.

► O uso do artigo é opcional com os dias da semana e com as palavras *semana, mês, ano*:

— Você prefere ir ao cinema *no sábado* ou *no domingo*?/Você prefere ir ao cinema *sábado* ou *domingo*?
Na semana passada/A semana passada/Semana passada eu almocei com a Lúcia.
No ano passado/O ano passado/Ano passado choveu muito mais do que o normal.

► O artigo pode expressar a ideia de posse, sem o possessivo (quando o objeto pertence à pessoa que é sujeito da oração):

- com as partes do corpo:

  — Eu sempre lavo *as mãos* depois de chegar da rua. (minhas mãos)

- com pessoas da família:

  — Marta leva *o filho* pra escola todo dia de manhã. (o filho de Marta)
  Na festa, a atriz estava acompanhada *do marido*. (o marido da atriz)

- em outros contextos:
  Não me lembro onde estacionei *o carro*. (meu carro)
  Ela esqueceu *o celular* no balcão da padaria. (o celular dela)

► É obrigatório o uso do artigo quando o substantivo vem acompanhado de *todos, ambos*:

Todos os pacientes se recuperaram muito bem.
O diretor leu *ambos os trabalhos* e achou que estavam excelentes. (*ambos* = os dois)

- Sem o substantivo, desaparece também o artigo:

  — Os pacientes? *Todos* se recuperaram muito bem.
  Quanto aos trabalhos, o chefe achou que *ambos* estavam excelentes.

► Não é necessário repetir o substantivo, quando o artigo estiver junto de:

- um pronome possessivo:

  — O *pai* do namorado da Ana é alemão, *o meu* é italiano.

- um adjetivo:

  — Você prefere o sofá marrom ou *o preto*?

- *de*, *do*[*s*], *da*[*s*]:

  — A capital de Alagoas é Maceió, *a de* Sergipe é Aracaju.

- *que*:

  — Essa *feijoada* está gostosa, mas *a que* a Selma fez semana passada estava melhor.

► Não se usa o artigo:

- com a palavra *casa*, quando se fala do lugar onde alguém mora (*ficar em casa*/*chegar em casa*/*ir pra casa*/*sair de casa* etc.):

  Passei todo o fim de semana *em casa* estudando. (= na minha casa)
  — André mandou avisar que já está saindo de casa. (= da casa dele)

- com os meses:

  — *Em janeiro*, vou passar as férias no Rio.
  O Carnaval costuma ocorrer entre *fevereiro* e *março*.

- com as datas:

  Brasília foi inaugurada em *21 de abril de 1960*.
  25 de março é o dia do meu aniversário.
  A independência do Brasil se deu *em 1822*.

- com as horas:

  — Que horas são?
  — São três horas./É uma hora./É meio-dia.

- com as profissões, em que se usa o verbo *ser*:

  — Francisco e Rosalina são *professores*.

- com atividades, esportes, instrumentos musicais, quando são objeto dos verbos *jogar, tocar, aprender* etc.:

  — Todo domingo de manhã, eu *jogo bola* com os amigos.
  — Minha mãe *tocava piano e violão* muito bem.

- com a língua ou a disciplina que se *estuda, aprende, ensina, cursa, faz* etc.:

  Pierre está *aprendendo português brasileiro*.
  — Sou professora e *ensino matemática*.
  — A Isadora *está estudando Publicidade* numa faculdade particular.

- com substantivos acompanhados de um demonstrativo (*este, esse, aquele* etc.):

Aquela menina é aluna do curso de português para estrangeiros.

6.2.1 Artigos e nomes de pessoas, lugares etc.

► É muito comum o emprego de artigo com nomes de:

- pessoas, principalmente na fala e na escrita informal:

  — Quem mais me ajuda em casa é *o Roberto*, meu caçula.
  — Vamos encenar uma peça *do Shakespeare*.
  — O último filme *do Almodóvar* é genial!

Obs.: O uso do artigo antes de nomes próprios (o João, a Maria) é generalizado no PB. A ausência do artigo é característica de algumas regiões, especialmente o Nordeste, e tida como um traço regional particular.

- Se tiver um título, é obrigatório o emprego do artigo:

  — *O doutor* Fonseca é o pediatra *de Júlia* desde que ela nasceu.
  — *A professora Sílvia* tem muita experiência no ensino de português para estrangeiros.

- No discurso direto, o nome da pessoa não tem artigo:

  — *Maria*, você esqueceu a sombrinha lá em casa ontem.
  — *Doutor Paulo*, a paciente das nove horas ainda não chegou.

- países, regiões, continentes, rios, oceanos etc:

  O Brasil já foi campeão mundial de voleibol várias vezes.
  O Norte é a maior região do país.
  O Mediterrâneo fica entre *a África* e *a Europa*.
  O Amazonas é o rio mais volumoso do mundo.

- Há algumas exceções, como Angola, Cabo Verde, Cuba, Honduras, Madagascar, Moçambique, Portugal etc.:

  Portugal tem recebido muitos imigrantes brasileiros nos últimos anos.

- Não se usa artigo com nomes de cidades:

  — Nasci em *Belo Horizonte*, passei a infância em *São Paulo* e hoje moro em *Curitiba*. *Manaus* fica na maior floresta tropical do mundo.

  - Exceções: o Rio de Janeiro, o Recife, o Porto (Portugal), o Cairo (Egito):

    O Rio de Janeiro é um dos principais centros culturais do país.

- Nem todos os Estados brasileiros recebem artigo:

COM ARTIGO	SEM ARTIGO
o Acre	Alagoas
o Amapá	Goiás
o Amazonas	Minas Gerais
a Bahia	Pernambuco
o Ceará	Rondônia
o Distrito Federal	Roraima
o Espírito Santo	Santa Catarina
o Maranhão	São Paulo
o Mato Grosso[3]	Sergipe
o Mato Grosso do Sul	
o Pará	
a Paraíba	
o Paraná	
o Piauí	
o Rio de Janeiro	
o Rio Grande do Norte	
o Rio Grande do Sul	
o Tocantins	

[3] Também é comum não usar artigo diante de Mato Grosso e Mato Grosso do Sul.

CAPÍTULO 7

Possessivos

- Os possessivos indicam o possuidor (*eu, você, eles...*) e concordam em gênero e número com o objeto possuído (*amigo, casa* etc.):

  meu amigo, meus amigos

  nossa casa, nossas casas

- Os **pronomes possessivos** substituem os substantivos (*o meu, a minha*), e os **adjetivos possessivos** acompanham os substantivos (*meu livro, minha casa*). Diferentemente do inglês ('It is *my* book*;* it is *mine*'), francês ('C'est *mon* livre; c'est le *mien*') e do espanhol ('*mi* libro; es el *mío*'), em PB os pronomes possessivos são iguais aos adjetivos possessivos ("Esse não é o *meu* carro; o *meu* é aquele lá"):

Possuidor	**Objeto possuído**			
Singular	**Singular**		**Plural**	
	masculino	**feminino**	**masculino**	**feminino**
eu	*meu* livro	*minha* casa	*meus* livros	*minhas* casas
tu você	*teu* livro *seu* livro	*tua* casa *sua* casa	*teus* livros *seus* livros	*tuas* casas *suas* casas
o senhor a senhora	*seu* livro	*sua* casa	*seus* livros	*suas* casas
	o livro/a casa *do senhor* o livro/a casa *da senhora*		os livros/as casas *do senhor* os livros/as casas *da senhora*	
ele ela	*seu* livro	*sua* casa	*seus* livros	*suas* casas
	o livro/a casa *dele* o livro/a casa *dela*		os livros/as casas *dele* os livros/as casas *dela*	

— *Você* trouxe *seu* caderno?
— *Mariana* veio no carro *dela*.
O *governo federal* deveria aumentar *seus* investimentos em educação.

Possuidor	**Objeto possuído**			
Plural	**Singular**		**Plural**	
	masculino	**feminino**	**masculino**	**feminino**
nós	*nosso* livro	*nossa* casa	*nossos* livros	*nossas* casas
a gente	o livro/a casa *da gente*		os livros/as casas *da gente*	
vocês	o livro/a casa *de vocês*[4]		*seus* livros	*suas* casas
			os livros/as casas *de vocês*	
eles elas	o livro/a casa *deles* o livro /a casa *delas*		*seus* livros	*suas* casas
			os livros *deles*/as casas *delas*	

A conservação da Amazônia é uma grande preocupação *da gente*.
— Você se lembra da Márcia e do João? O filho *deles* é meu vizinho.
— Como foi a viagem *de vocês* ao Peru?

▸ Pergunta sobre o possuidor: *de quem* + verbo *ser*:

— *De quem é* esse carro?
— É *da minha filha*.

▸ Para dar ênfase, acrescenta-se as formas *próprio*(*s*)/*própria*(*s*), que concordam em gênero e número com o substantivo e ficam antes dele:

[4] As formas possessivas *dos senhores, das senhoras* são de uso raro e só ocorrem em situações extremamente formais (assim como os pronomes sujeito e objeto *os senhores/as senhoras* no plural).

— Não devemos culpar os outros por *nossos próprios* problemas.
— Cada pessoa deve trazer *sua própria caneta* para fazer a prova.

► Os pronomes possessivos permitem as construções de comparação de igualdade, superioridade e inferioridade:

Esse apartamento é *tão dele quanto meu.*
Esse apartamento é (muito) *mais dele do que meu.*
Esse apartamento é (muito) *menos dele do que meu.*

7.1 *Seu/sua*

► Na fala, *seu, sua, seus, suas* correspondem sempre à *2ª pessoa* (a pessoa com quem se fala):

— Onde foi que você estacionou *seu* carro?

As formas *dele, dela, deles, delas* são usadas para a 3ª pessoa:

Você e o **Carlos** vieram no **seu** carro ou no **dele**?

► Na escrita formal, por outro lado, os possessivos *seu[s]/sua[s]* correspondem à 3ª pessoa:

A China está aumentando cada vez mais *seus* investimentos na África.

7.2 Possessivos e artigos

► O artigo pode ou não vir junto com o pronome ou o adjetivo possessivo.

► Com o pronome possessivo, a presença do artigo é obrigatória:

— *Minha mãe* tem a mesma idade que *a tua.*

► Com o adjetivo possessivo, o artigo é opcional:

— Aprender a dançar sempre foi *o meu sonho.*
— Aprender a dançar sempre foi *meu sonho.*

► Não se emprega o artigo:

- com o verbo *ser*:

  — A culpa é *dela.*

- com os demonstrativos (*este, esse, aquele...*):

  — *Essa nossa* amizade já completou quarenta anos!

- no discurso direto:

  — Bom dia, *minha senhora*. Posso ajudar?

- em expressões de xingamento:

  — *Seu burro!*
  — *Sua idiota!*
  — *Seu porco!*

- em expressões de carinho:

  — *Minha linda!*
  — *Meu doce!*
  — *Meu amor!*

- em expressões fixas: *a meu ver, por minha conta, a seu critério* etc.
- em expressões de surpresa ou de susto:

  — *Meu Deus!*
  — *Nossa Senhora!*
  — *Minha nossa!*
  — *Meu Pai do céu!*

7.3 Posição dos adjetivos possessivos

▸ De modo geral, os adjetivos possessivos aparecem antes do substantivo:

— Como foi *sua* viagem de férias?

▸ Com alguns poucos substantivos, pode vir depois:

— Faz tempo que não tenho *notícias suas*.

▸ Os adjetivos possessivos em *de* (*da gente, de vocês* etc.) ficam sempre depois do substantivo:

— Qual é a opinião *de vocês* sobre isso?

▸ Com quantificadores indeterminados, como *algum, um, nenhum, cada* etc., os adjetivos possessivos ficam depois do substantivo:

— Você não gostaria de ler em voz alta para nós *algum poema seu*?

▸ Com números e/ou adjetivos, os adjetivos possessivos vêm antes do substantivo:

— Estou gostando muito do *meu computador novo*.
— *Nossos dois filhos* já estão na universidade.

▸ Com demonstrativos (*este, esse, aquele*...), os adjetivos possessivos podem vir antes ou depois do substantivo (sem artigo):

— Olha ali! É *aquele amigo seu* do curso de alemão, não é?

CAPÍTULO 8

Demonstrativos

► O PB tem demonstrativos masculinos, femininos e neutros:

MASCULINO	**este(s)**	**esse(s)**	**aquele(s)**
FEMININO	**esta(s)**	**essa(s)**	**aquela(s)**
NEUTRO	**isto**	**isso**	**aquilo**

— O senhor vai levar *essa televisão*?
— Não, vou levar *aquela*.

— Boa tarde, quanto custa *aquela blusa* que está na vitrine? E *aquele casaco*?

► Apenas os masculinos e femininos podem funcionar como adjetivos demonstrativos (vêm antes dos substantivos) e pronomes demonstrativos (substituem os substantivos):

— *Esse lugar* está ocupado?

— Que chave você usou para abrir *aquela porta*?
— *Essa* aqui.

- Os demonstrativos neutros:
  - só existem no singular;
  - nunca acompanham um substantivo (são sempre pronomes); e
  - são usados para coisas, não para pessoas ou animais:

    — O que é *isso*?
    — *Isso* é um presente pra você.

- Os demonstrativos nunca vêm junto com artigo, mas podem vir com quantificadores indeterminados (☛ 10.10; a posição varia conforme o quantificador):

    Todas essas pessoas influenciaram nossa geração.
    — *Aquelas outras casas* também já foram vendidas.
    — *Um dia desses* a gente toma um café.

  - Os demonstrativos neutros se combinam com *tudo*:

    — Nossa, você comeu *tudo isso* sozinho?
    — Já guardei *tudo aquilo* que estava em cima da mesa da sala.

8.1 Demonstrativos e preposições

- Os demonstrativos se combinam com as preposições *de*, *em*, *a*:
  - **de**: *deste(s), desta(s), disto, desse(s)(s), dessa(s), disso, daquele(s), daquela(s), daquilo:*

    — Como era mesmo o nome *daquela* praia onde a gente passou as férias de 2015?

  - **em**: *neste(s), nesta(s), nisto, nesse(s), nessa(s), nisso, naquele(s), naquela(s), naquilo:*

    — Vou viajar *neste/nesse* final de semana e só volto no início do mês que vem.

  - **a**: *àquele(s), àquela(s), àquilo* |crase: ☛1.10|

    Na entrevista, a atriz não fez referência a seus filmes mais antigos; somente *àqueles* lançados nos últimos anos.

8.2 Na fala e na escrita

- Na fala, *esse*(*s*), *essa*(*s*), *isso* e *aquele*(*s*), *aquela*(*s*), *aquilo* indicam que algo está perto ou longe da pessoa que fala ou da pessoa com quem se fala. São de uso frequente e geralmente se combinam com os advérbios *aqui*, *aí*, *ali*, *lá*:

PERTO DA PESSOA COM QUEM SE FALA

esse(s)
essa(s) } **aqui**
isso

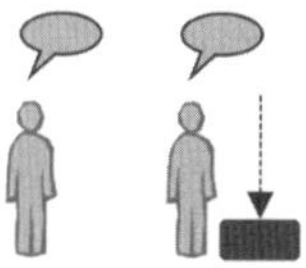

PERTO DA PESSOA QUE FALA

esse(s)
essa(s) } **aí**
isso

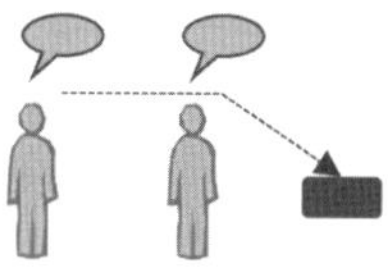

LONGE DAS PESSOAS QUE FALAM

aquele(s)
aquela(s) } **ali/lá**
aquilo

— Você viu a chave do meu carro?
— É *essa* aqui?
— É, *essa aí* mesmo. Obrigada.

— Que vestido você prefere?
— *Aquele* azul *ali*.

▸ Usa-se *lá* para indicar coisas, pessoas etc. que estão mais longe do que *ali*:

— Onde você quer se sentar?
— Talvez *naquela* poltrona *ali*, no meio da sala, ou então *naquela lá*, na entrada.

▸ *Este*(*s*), *esta*(*s*), *isto* não costumam ocorrer na fala espontânea. Mas em textos formais as gramáticas recomendam:

- *este*(*s*), *esta*(*s*) para indicar o que está mais perto da pessoa que escreve, no tempo e no espaço:

  Esta pesquisa aborda a presença das mulheres no mercado de trabalho.
  Previsão do tempo para *este* domingo: chuvas leves.

- *este*(*s*)/*esta*(*s*) e *aquele*/*aquela*(*s*) para distinguir duas expressões anteriores:

  Desmond Tutu e Nelson Mandela receberam o Prêmio Nobel da Paz: *este* em 1993, *aquele* em 1984.

▸ Presente e passado:

- Para indicar o tempo presente, costuma-se usar, na fala, *esse ano, essa semana, esse mês*; mas na escrita formal se usa *este ano, esta semana, este mês.*
- Para indicar o tempo passado, se usa *aquele*(*s*), *aquela*(*s*): *naquele dia, naquele ano, naquela semana, naquele mês...*

▸ *Aquele(s), aquela(s):*

- dão ênfase, na linguagem informal:

  — Eu hoje acordei com *aquela dor de cabeça.* (= Uma dor muito forte)
  — Tive *um dia daqueles.* (=Um dia cansativo ou com muitos problemas)

- ocorrem na construção *aquele*(*s*)/*aquela*[*s*) *que*, com o sentido de 'qualquer pessoa':

  Aqueles que desejarem participar do projeto devem se inscrever no *site* da universidade.

8.3 Expressões com *isso*

▸ ***Além disso***: acrescenta informações (também se usa: *além do mais*):

— Hoje eu não vou sair de casa porque estou muito cansada. *Além disso,* tá fazendo muito frio.

▸ ***Por isso***: retoma uma expressão anterior que indica a causa do que se vai dizer (também se usa: *por essa razão* e *por esse motivo*):

Os motoristas de ônibus entraram em greve. *Por isso,* muitas pessoas estão com dificuldades para chegar ao trabalho.

▸ ***É isso aí***: na fala informal, indica que o falante concorda com algo (também se usa: *é isso mesmo* ou *isso mesmo*):

— Finalmente decidi aceitar o emprego na agência de turismo.
— *É isso aí,* boa decisão!

— Não vale a pena eu vender minha casa agora.
— *Isso mesmo,* o mercado de imóveis está em baixa.

- Também se pode empregar essa expressão quando algo chega ao fim ou quando não há mais nada a se fazer sobre algo (também se usa: *pronto; era isso*):

  — *É isso aí,* pessoal, a segunda parte do livro a gente discute amanhã.

▸ ***Isto é***: explica algo que acabou de ser dito (também se usa: *ou seja; quer dizer*):

O espanhol e o português são as mais faladas das línguas românicas, *isto é,* derivadas do latim.

▸ ***Não seja por isso***: expressa a ideia de que a situação não é difícil de resolver (semelhante a: *isso não é um problema*):

— Eu queria almoçar com você, mas hoje não vai dar, tenho muito trabalho.
— *Não seja por isso.* A gente combina outro dia.

8.4 *Tal*

► *Tal* (plural: *tais*) é um pronome demonstrativo semelhante a *esse*(*s*), *essa*(*s*), *aquele*(*s*), *aquela*(*s*). Também pode significar 'assim':

A previsão é de que o mar fique muito agitado hoje e amanhã. Em *tais circunstâncias*, recomenda-se não entrar na água. (= nessas circunstâncias; em circunstâncias assim)

► Como substantivo é frequente na fala e pode expressar ironia, sarcasmo ou até mesmo desprezo:

- *o/um/esse tal de*

— Você sabe quem é *essa tal de* Valéria que o diretor vive elogiando?
— Me disseram que eu tinha que procurar *um tal de* Oliveira para pedir informações, mas ninguém sabe quem é!
— Esse aí é *o tal do* fulano que você disse que era lindo? Você tá precisando de óculos!

- *o tal* ('muito bom; o melhor')

— O Carlos é muito vaidoso, ele se acha *o tal*, mas no trabalho é bem medíocre.
— Pode confiar na Telma, na informática ela é *a tal*, sabe de tudo!

► É comum, na fala informal, a expressão *etc. e tal*:

— Tadeu disse que ia me ajudar, me apoiar, me dar força *etc. e tal*, mas na hora que precisei ele nem apareceu.

► Usa-se *que tal* em perguntas:

- para cumprimentar alguém (equivale a 'como vai?'):

— E aí, *que tal*? Tudo bem?

- para saber a opinião de alguém ou fazer uma sugestão:

— *Que tal* essa cor pra pintar as paredes da sala?
— *Que tal* a gente tomar uma cerveja depois do expediente?

► *Tal e qual* ou *tal qual* são usados com o sentido de 'igual; semelhante; muito parecido':

— O Jorginho tem a voz *tal qual* a do pai dele!
— A Bárbara dança *tal e qual* uma bailarina profissional.

► *Tal como*, especialmente em textos formais, indica semelhança:

Tal como se esperava, as vendas de eletrônicos este ano superaram as do ano passado.

► Usa-se *de tal* depois de um nome próprio quando alguém não sabe ou não lembra o sobrenome de outra pessoa:

— Quem me atendeu foi uma doutora Juliana *de tal*, que eu nunca tinha visto antes na clínica.

▶ Quando não se sabe ou não se quer dizer o nome de uma pessoa, usa-se *fulano/fulana de tal*[5]:

— Tem uma *fulana de tal* lá na portaria querendo falar com você. Muito antipática, por sinal.

[5] A expressão *fulano, sicrano e beltrano* é comum na fala: *Eu não sou o tipo de pessoa que fica falando da vida de fulano, sicrano e beltrano.*

CAPÍTULO 9

Pronomes interrogativos

▸ Os pronomes interrogativos são usados em perguntas diretas e indiretas, para se perguntar sobre pessoas, coisas, lugares, situações etc.:

como
onde
quando
por que
para que
qual/quais
que
o que
quem
quanto(s)/quanta(s)

▸ Com exceção de *como*, os pronomes interrogativos podem ocorrer com preposição: *desde quando, até onde, de onde, com quem, de quem, em que, para que, por que, com qual* etc.

> OBS.: Alguns pronomes interrogativos também são usados em exclamações: *Que delícia esse sorvete!/Que surpresa!/Como você canta bem!/Quanta gente!* etc.

9.1 Perguntas diretas

▸ **Como**: pergunta sobre o estado de alguém, de alguma coisa, ou o nome de alguém, o meio de transporte, o modo como alguma coisa é feita etc.; não ocorre junto com preposição:

— *Como vai?* Tudo bem?
— Tudo bem. E você?

— *Como* é a casa nova da Lia?
— Muito bonita, tem três quartos, jardim e quintal.

— *Como* vai estar o tempo no final de semana?
— Vai fazer sol.

— *Como* você vai pro trabalho?
— De ônibus.

— *Como* é o seu nome? (ou *Qual* é o seu nome?)
— Mônica.

- ***Como?/Como é?***: quando o ouvinte não entendeu o que foi dito:

— *Como*? Não entendi. A ligação está ruim.
— *Como é?* Pode repetir, por favor?

- ***Como é que é?*** expressa que o ouvinte não acredita no que ouviu:

— *Como é que é*? Você mal começou o curso e já vai desistir dele?

▸ **Onde**: pergunta sobre o lugar:

— *Onde* você aprendeu português?
— Numa universidade italiana.

- preposição + *onde*:

— *De onde* você é?
— *Do* Uruguai.

— *Para onde* você está viajando?
— *Para* o Chile.

— Você sabe *por onde* passa esse ônibus? Será que passa pelo centro?
— Não, esse aqui vai pela praia.

> OBS.: pode-se perguntar *onde* ou *aonde,* indiferentemente:

— *Onde* você mora?/*Aonde* você mora?
— *Onde* você vai?/*Aonde* você vai?

Obs.: Na fala, é comum o uso da forma *cadê*, que corresponde a 'onde está/estão':

— *Cadê* o bolo da festa? Você ainda não fez?
— Fiz. Tá na cozinha.

— *Cadê* as meninas? Já saíram?
— Já.

▸ **Quando**: pergunta sobre o tempo ou a duração de tempo:

— *Quando* você começou a estudar português?
— No ano passado.

- preposição + *quando*:

— *Desde quando* você mora no Brasil?
— Desde o ano passado.

— *Até quando* você pretende morar no Brasil?
— Ainda não sei.

— *Pra quando* é a entrega do relatório de pesquisa?
— Pra amanhã.

— *De quando* é esse filme?
— De 2001.

▸ **Por que** |☛ 9.3|: pergunta sobre a causa:

— *Por que* você está estudando português?
— Porque vou morar no Brasil no ano que vem.

▸ **Para que/pra que**: pergunta sobre a finalidade, o objetivo:

— *Para que* serve esse aplicativo?
— Pra informar sobre o clima.

— *Pra que* você precisa desse dinheiro?
— Pra poder me matricular no curso de música.

▸ **Qual/quais**: para pessoas, coisas etc., geralmente para perguntar sobre alguma coisa, entre várias possibilidades; concordam em número com o substantivo. Com esses pronomes, o verbo costuma vir antes do sujeito:

— *Qual* é o seu nome? (ou *Como* é o seu nome?)
— Márcia.

— *Qual* é a sua altura?
— Eu tenho um metro e setenta.

— *Qual* é a sua idade? (ou *Quantos anos* você tem?)
— Tenho 22 anos.

— *Quais* países você visitou dessa vez?
— Chile, Argentina e Uruguai.

— *Quais* são seus planos para o final de semana?
— Vou visitar meus pais.

- preposição + *qual*:

  — Afinal, *com qual* das blusas você vai ficar?
  — Vou ficar com a azul.

  — *A qual* autor você está se referindo?
  — A Cervantes.

  — *De qual* tipo de filme você gosta mais?
  — De aventura e ficção científica.

  — *Em qual* cidade você nasceu?
  — Em Buenos Aires.

  — *Para qual* das crianças você vai dar o presente?
  — Para a Beatriz.

  — *Por quais* cidades vocês passaram na viagem?
  — Salvador, Maceió e Recife.

▸ **Que**: para coisas, situações etc.; ocorre junto com o substantivo:

— *Que curso* você faz?
— Filosofia.

— *Que dia* é hoje?
— Hoje é segunda-feira.

— *Que horas* são?
— São nove e meia.

- preposição + *que*:

  — *Em que ano* você nasceu?
  — Em 1996.

  — *Com que* frequência você vai ao dentista?
  — Pelo menos uma vez por ano.

  — *De que cor* é o seu vestido novo?
  — Vermelho.

▸ **O que**: para coisas, situações etc.; ocorre sem substantivo:

— *O que* aconteceu?
— A Leila ficou presa no elevador.

— *O que* você faz?
— Sou tradutora.

— *O que* você achou da palestra de ontem?
— Muito boa.

- preposição + *o que*:

  — *Do que* vocês estão falando?
  — Das eleições desse ano.

- Na fala espontânea, a pergunta com *o que* pode ser reforçada das seguintes formas:

  — *O que é que* você vai fazer nesse final de semana?
  — *O que que* você vai fazer nesse final de semana?

- Quando *o que* termina uma frase, escreve-se *o quê*, com acento circunflexo:

  — Vocês estão falando do *quê*?
  — Quero dar um presente pro Eduardo, mas não sei *o quê*.

► **Quem**: apenas para pessoas:

— *Quem* te ensinou a cozinhar tão bem?
— Minha mãe.

Atenção! Quando *quem* é o sujeito, o verbo fica na 3ª pessoa do singular, menos com o verbo *ser*:

— *Quem participou* da reunião?
— Todos os funcionários da empresa.

— *Quem é* essa na foto com você?
— É a Marta, minha prima.

— *Quem são* aquelas pessoas que estão chegando?
— Ah, são os meus colegas de trabalho.

- preposição + *quem*:

  — *Com quem* ele veio?
  — Com a Elisa.

  — *De quem* é esse carro?
  — Meu.

  — *Pra quem* você vai dar esse presente?
  — Pra Maria Clara.

► **Quanto(s)/quanta(s)**: expressa a quantidade; concorda em gênero e número com o substantivo. Quanto / quanta, no singular, se emprega com nomes incontáveis; quantos / quantas, no plural, com nomes contáveis:

— *Quanto tempo* demora a viagem?
— Uma hora e vinte minutos, de avião.

— *Quantos dias* você pretende ficar em São Paulo?
— Talvez uma semana, ainda não decidi.

— *Quantas pessoas* cabem nesse auditório?
— Trezentas.

- preposição + *quanto:*

  — *Em quanto tempo* você chega lá?
  — Em duas horas, eu acho.

  — *De quantas* caixas desse remédio você precisa?
  — Cinco.

  — *Por quanto* você vendeu o apartamento?
  — Vendi por quinhentos mil reais.

► Nas perguntas diretas, os pronomes interrogativos costumam vir antes do verbo, mas podem vir depois, especialmente quando o verbo tem um objeto direto:

— Você quer comer *o quê*?
— Você aprendeu português *onde*?
— Você faz *que* curso?
— Você tem *quantos* anos?

▸ A depender da entonação, o pronome interrogativo depois do verbo pode indicar que o ouvinte não entendeu algo ou não acredita no que ouviu.

9.2 Perguntas indiretas

▸ As perguntas indiretas com pronomes interrogativos são compostas por verbos (*saber, perguntar* etc.) + a pergunta direta sem o sinal de interrogação:

PERGUNTA DIRETA	PERGUNTA INDIRETA
— Onde você mora?	— Ele está perguntando **onde você mora.**
— Como você se chama?	— Ele quer saber **como você se chama.**
— Quando você viaja?	— Ele quer saber **quando você viaja.**

▸ Com alguns verbos, como *ser, estar, ficar* etc., o sujeito costuma vir depois do verbo (nas perguntas diretas e indiretas):

— Como *é o seu nome*?/ O professor quer saber como *é o seu nome.*
— Onde *fica o banheiro*?/ — Ele está perguntando onde *fica o banheiro.*

9.3 *Por que, por quê, porque, porquê*

▸ *Por que*, na pergunta direta ou indireta → *porque*, na resposta:

— *Por que* vocês chegaram atrasados?
— *Porque* estava chovendo muito.
— O Antônio perguntou *por que* vocês chegaram atrasados.

▸ *Por quê* no final da frase:

— Você desistiu de viajar? *Por quê*?
— A Janete não quis mais viajar, mas não me explicou *por quê.*

▸ *Porquê* é um substantivo e sempre vem com artigo. Equivale a *o motivo, a causa, a razão*:

— Não entendo *o porquê* de todas essas reclamações contra a nossa empresa!

CAPÍTULO 10

Números e outros quantificadores

► Os números indicam quantidades determinadas de coisas, pessoas etc.[1]:

0	zero
1	um/uma
2	dois/duas
3	três
4	quatro
5	cinco
6	seis
7	sete

[1] Os números compõem a categoria dos *numerais*.

8	oito
9	nove
10	dez
11	onze
12	doze
13	treze
14	catorze
15	quinze [kĩ]
16	dezesseis
17	dezessete
18	dezoito
19	dezenove
20	vinte
21	vinte **e** um
22	vinte **e** dois
23	vinte **e** três
30	trinta
40	quarenta
50	cinquenta [kwẽ]
60	sessenta
70	setenta
80	oitenta
90	noventa
100	cem
101	cento **e** um
110	cento **e** dez
120	cento **e** vinte
200	duzentos
201	duzentos **e** um

300	trezentos
400	quatrocentos
500	quinhentos
600	seiscentos
700	setecentos
800	oitocentos
900	novecentos
1.000	mil
2.000	dois mil
100.000	cem mil
1.000.000	um milhão
1.000.000.000	um bilhão
1.000.000.000.00	um trilhão

- Apenas alguns números apresentam formas no *feminino*:

  1 → uma
  2 → duas
  200 a 900 → duzentas, trezentas, quatrocentas etc.

  — Tive que esperar *uma hora* pro médico me atender! (*pro = para o*)
  O livro ficou com *trezentas e vinte e uma páginas*.
  No auditório cabem *novecentas pessoas*.

  - *Mil* não muda de forma: *duas mil e quinhentas pessoas.*

- *Um* e *uma* indicam coisa ou pessoa desconhecida (diferentemente do artigo, ☛ 6):

  — Conheço *um* ótimo professor de português. (apenas o falante conhece)
  — Meu primo está procurando *um* professor particular de português. (o falante e o ouvinte não conhecem)

- *Um* e *uma* podem se combinar com as preposições *em, de*:

  — Quando estive em Fortaleza, fiquei *num* hotel muito agradável.
  — Esse piano foi *duma* tia nossa que era professora de música.

- *Cem* só é usado para o número 100. Nos números de 101 a 199, se usa *cento*:

  — Minha avó viveu até os *cem* anos.
  Na hora do acidente, o carro vinha a *cento e vinte* quilômetros por hora.

▸ Os números costumam vir antes dos substantivos:

— Comprei *três livros*.
— Tinha mais de *cem pessoas* no auditório.

▸ Mas quando o número localiza algo (não quantifica), ele vem depois do substantivo. Por exemplo, em páginas ou capítulos de um livro, em número de apartamento etc.:

— Abram o livro na página *42* (quarenta e dois).
— Sérgio mora no apartamento *306* (trezentos e seis).

▸ Quando usados como substantivos, os números são masculinos:

— *O 10* é o meu número de sorte.

▸ Nas dezenas (de 21 a 99), centenas (100, 200 etc.) e milhares (1.000, 2.000 etc.) compostos, coloca-se *e*:

21 = vinte **e** um
32 = trinta **e** dois
45 = quarenta **e** cinco
101 = cento **e** um
220 = duzentos **e** vinte
1001 = mil **e** um
2030 = dois mil **e** trinta
3021 = três mil **e** vinte **e** um
4300 = quatro mil **e** trezentos

▸ Quando tem milhar, centena e dezena, em lugar do *e* se coloca vírgula:

4.320 = quatro mil, trezentos e vinte

- *Milhão, bilhão* e *trilhão* vêm acompanhados de *um* e da preposição *de.* Quando tem *mil,* cai a preposição:

  R$ 1.000.000,00 = um milhão de reais
  R$ 1.500.000,00 = um milhão e quinhentos mil reais
  A Terra já passou dos sete bilhões de habitantes.

- *Ambos/ambas* ('dois, duas') precisam de artigo quando estão acompanhados de substantivos:

  Ambas as bibliotecas dispõem de computadores.
  Ambas dispõem de computadores.

▸ O PB tem alguns substantivos de uso frequente que indicam quantidades ou períodos de tempo:

Quantidade: um par = 2
uma dezena = 10
uma dúzia = 12

	uma centena = 100 um milhar = 1000
Tempo:	um bimestre = 2 meses um semestre = 6 meses uma década = 10 anos um século = 100 anos um milênio = 1.000 anos

► No plural, *dezena*, *centena* e *milhar* representam quantidades aproximadas, sempre com a preposição *de*:

Esta rede de supermercados vai abrir *dezenas de* novas lojas no estado.
Centenas de passageiros não puderam embarcar por causa do mau tempo.
Milhares de manifestantes ocuparam a praça diante da Prefeitura.

10.1 *Meia*

► Na fala diária, em números de telefone, endereços etc., o número **6** é quase sempre substituído por *meia* (abreviação de *meia dúzia*), para evitar confusão com o número 3:

— Meu apartamento é o *meia* dois dois (622).
— O telefone da Célia é nove nove quatro cinco, *meia meia* oito dois (9945-6682).
— Meu voo é o quatro meia nove (469).

10.2 Preço

► Quando dizemos o preço, sempre colocamos *e*:

— O jornal custa dois reais *e* cinquenta centavos. (R$ 2,50).
— Esse livro custou caro: cento *e* noventa *e* dois reais (R$ 192,00).

10.3 Ordinais

► Os números ordinais indicam a ordem das coisas, pessoas etc.:

1	primeiro
2	segundo
3	terceiro
4	quarto
5	quinto

6	sexto
7	sétimo
8	oitavo
9	nono
10	décimo
11	décimo primeiro
12	décimo segundo
13	décimo terceiro
14	décimo quarto
15	décimo quinto
16	décimo sexto
17	décimo sétimo
18	décimo oitavo
19	décimo nono
20	vigésimo
21	vigésimo primeiro
22	vigésimo segundo
23	vigésimo terceiro
30	trigésimo
40	quadragésimo
50	quinquagésimo [kwĩ]
60	sexagésimo [ksa]
70	septuagésimo
80	octogésimo
90	nonagésimo
100	centésimo
101	centésimo primeiro
110	centésimo décimo
120	centésimo vigésimo

200	ducentésimo
201	ducentésimo primeiro
300	tricentésimo
400	quadringentésimo
500	quingentésimo [kwĩ]
600	seiscentésimo
700	septingentésimo
800	octingentésimo
900	nongentésimo
1.000	milésimo
2.000	dois milésimo
100.000	cem milésimo
1.000.000	milionésimo
1.000.000.000	bilionésimo
1.000.000.000.000	trilionésimo

▸ Os números ordinais concordam em gênero e número com o substantivo e vêm antes dele, mas também podem vir sozinhos:

— Os carros entraram agora na *décima quinta volta* da corrida.
— Esse é o meu *terceiro carro*. O *segundo* era maior.

▸ Os ordinais podem ser escritos com algarismos seguidos dos símbolos que indicam sua ordem:

1º – primeiro	1ª – primeira
2º – segundo	2ª – segunda
10º – décimo	10ª – décima
23º – vigésimo terceiro	23ª – vigésima terceira etc.

10.4 Fracionários

▸ Os números fracionários indicam parte de coisas ou quantidades e são masculinos, exceto *metade:*

1/2	a metade/meio
1/3	um terço
1/4	um quarto
1/5	um quinto
1/6	um sexto
1/7	um sétimo
1/8	um oitavo
1/9	um nono
1/10	um décimo
1/11	um onze avos
1/12	um doze avos
1/20	um vinte avos
1/100	um centésimo
1/1.000	um milésimo

▸ Os números fracionários vêm seguidos da preposição *de* (à exceção de *meio*):

O nadador venceu a prova por *um milésimo de* segundo.
A fábrica deu férias a *um terço d*os funcionários.

▸ ***Metade* – *meio***:

- *Metade (de)*:

— Eu trouxe apenas *a metade d*as caixas.
— Nossa! Você comeu *metade d*o bolo!

- *Meio* concorda com o substantivo e não vem acompanhado de preposição (a preposição *de* está relacionada ao substantivo):

Para a torta ficar mais saborosa, acrescente *meia xícara* de chocolate em pó.
O creme da torta leva dois litros e *meio* de leite. (= e meio litro de leite)
— Preciso ir. Já são doze e *meia* (hora).
— Está cedo. Falta mais de *meia hora* pra começar a aula.

▸ Quando *meio* é substantivo, vem com artigo:

— Ainda não terminei de ler o livro. Parei n*o meio*.

10.5 Multiplicativos

▸ Os números multiplicativos indicam o aumento de uma quantidade:

x 2	duplo/o dobro
x 3	triplo
x 4	quádruplo
x 5	quíntuplo
x 6	sêxtuplo
x 7	séptuplo
x 8	óctuplo
x 9	nônuplo
x 10	décuplo
x 100	cêntuplo

▸ ***Duplo — o dobro — dupla***

- *Duplo* concorda em gênero e número com o substantivo e pode vir antes ou depois dele. Com *duplo* não se usa artigo:

  — Minha filha tem *dupla* nacionalidade, a brasileira e a alemã.
  — Nosso hotel tem *quartos duplos*, podem dormir até quatro pessoas neles.

- *O dobro* (*de*):

  Este ano o preço dos apartamentos subiu mais que *o dobro d*a inflação.
  A passagem aérea Brasília-Lisboa está custando *o dobro do* que custava no ano passado.

- *Dupla* é um substantivo que significa 'duas coisas' ou 'duas pessoas':

  — A turma pode se dividir em *duplas* para fazer o exercício.
  No Brasil são muito comuns *as duplas* sertanejas.

▸ Nas construções de comparação |☛ 5.4.1|, é comum o uso de *vezes*:

  — O seu apartamento é *três vezes* maior do que o meu. (= em lugar de *o triplo do seu*)

10.6 Percentual

▸ A expressão *por cento* indica percentuais (ou porcentagens): seu símbolo é **%**. O artigo *os* acompanha os percentuais somente quando recebem alguma qualificação:

60% (sessenta por cento) do orçamento do projeto vai ser aplicado na compra de material. *Os outros 40%* (quarenta por cento) vão ser usados para a automatização dos serviços.

10.7 Moeda

▸ No Brasil, a moeda é o *real* e a fração é o *centavo*. Entre as unidades e as frações, coloca-se a vírgula. A leitura é feita com um *e*:

— Os envelopes custaram R$ 30,50 (trinta reais *e* cinquenta centavos).

▸ É comum a omissão de *reais* e *centavos*:

— Quanto é o quilo da banana?
— É 4,50 (quatro *e* cinquenta).

▸ As moedas costumam ser do gênero masculino (*o real, o dólar, o euro, o peso, o iene* etc.):

Nem todos os países da União Europeia usam *o euro* como moeda.

▸ Uma exceção é a *libra* (*pound*), também chamada *libra esterlina*, moeda do Reino Unido, que é do gênero feminino.

10.8 Data

▸ Nas datas, usa-se os números sem artigo:

— Que dia é hoje?
— Hoje é dia *vinte e quatro* de julho.

— Quando é seu aniversário?
— *Vinte e um* de agosto.

Fortaleza, 25 de março de 2017. (em documentos)

- Exceção: *primeiro*

O dia 1º [primeiro] de janeiro é o Dia Mundial da Paz.

▸ Quando se diz a data em que algo acontece, usa-se a preposição *em*:

— Meu pai nasceu *em* 4 de abril de 1939.
— O Carnaval normalmente cai *em fevereiro*, raramente *em março*.
Uma grave crise econômica atingiu o mundo inteiro *em* 2008.

▸ Os séculos são geralmente escritos com números romanos (I, II, III, IV...). Apenas os séculos de I a X são lidos como ordinais:

no século XXI = no século vinte e um
no século IX = no século nono

10.9 Hora

► Na fala espontânea, os números seguem o sistema de 12 horas, sem artigo e sem a palavra *minutos*:

HORA/MEIA HORA	DEPOIS DA HORA	ANTES DA HORA
1h = É uma hora.	2h10 = São duas **e** dez.	2h40 = São vinte **para** as três.*
2h = São duas horas.	2h15 = São duas **e** quinze.	2h45 = São quinze **para** as três.
3h30 = São três e meia.	2h20 = São duas **e** vinte.	2h50 = São dez **para** as três.
12h = **É meio-dia.** **É meia-noite.**		
12h30 = **É meio-dia e meia.** **É meia-noite e meia.**		

(*) Na fala, *pras.*

— Que horas são?
— São três e meia.

► Se houver necessidade, acrescenta-se *da manhã, da tarde, da noite* ou *da madrugada:*

duas horas da tarde; duas horas da madrugada; oito horas da manhã; oito horas da noite

► Em situações mais formais (aeroporto, imprensa, governo etc.), o sistema é de 24 horas:

— Informamos que o voo das 20h15 (vinte horas e quinze minutos) está atrasado.

► Quando se diz o momento em que algo acontece, se usa *às* (preposição *a* + artigo *as*) |crase, ☛ 1.10|:

— A que horas a gente se encontra?/Que horas a gente se encontra?
— Vamos nos encontrar *às* 8h30 na frente do cinema porque o filme começa *às* 9h.

• A regra também vale para *uma* (*hora*):

— Normalmente eu almoço *à uma* da tarde.
— Ontem fui me deitar *à uma* da madrugada.

► Para um período de tempo, se usa *de ... a ...*:

A exposição fica aberta para visitas todos os dias *das 9h às 18h.*

10.10 Quantificadores indeterminados

▶ Além dos números, que são quantificadores determinados, existem diversas palavras empregadas para indicar quantidades indeterminadas:

Masculino		Feminino	
singular	**plural**	**singular**	**plural**
algum	alguns	alguma	algumas
certo	certos	certa	certas
dado	dados	dada	dadas
determinado	determinados	determinada	determinadas
muito	muitos	muita	muitas
nenhum	———	nenhuma	———
outro	outros	outra	outros
pouco	poucos	pouca	poucas
qualquer	quaisquer	qualquer	quaisquer
quanto	quantos	quanta	quantas
tanto	tantos	tanta	tantas
todo	toda	todos	todas
———	uns	———	umas

▶ Os quantificadores indeterminados vêm antes do substantivo, mas há alguns casos especiais.

- ***Alguns, muitos, outros, quantos, tantos, poucos, todos***: quando usados no masculino plural sem substantivo, costumam se referir a *pessoas*:

  Muitos se opuseram à demolição da antiga biblioteca municipal. (muitas pessoas)
  Poucos gostaram do final do filme. (poucas pessoas)

- ***Algum, alguns, alguma, algumas*** são de uso muito frequente em PB para indicar algo indeterminado:

  — Você quer tomar mais *alguma* coisa?
  — Você gostaria de morar em *algum* outro país?
  — *Alguma* vez você já pensou em trocar de emprego?

— Se você precisar de *alguma coisa*, é só dizer.
— Tem *alguma coisa* estranha nessa história.

- ***Algum*** e ***alguma*** depois do substantivo significam *nenhum* e *nenhuma*:

  em *momento algum* ('em nenhum momento')
  em *lugar algum* ('em nenhum lugar')

▸ ***Certo(s)/certa(s)*** ocorrem geralmente em expressões de tempo, modo etc.:

certo dia/em certa ocasião/em certo momento ... (tempo)
de certo modo/de certa maneira ... (modo)

- Quando vem depois do substantivo, não é um quantificador indeterminado, é um adjetivo e significa 'correto, preciso':

  a resposta certa, a pessoa certa, no lugar certo, na hora certa etc.

▸ ***Dado(s)/dada(s)*** são mais usados na escrita (= *certo, determinado* etc.), geralmente em expressões de tempo:

O espetáculo transcorria normalmente, até que em *dado momento* a energia caiu.

▸ ***Determinado(s)/determinada(s)*** *(= dado; certo)*:

Em *determinadas situações climáticas*, como a seca prolongada, é fundamental ingerir muito líquido.

- Quando vem depois do substantivo, não é um quantificador indeterminado, é um adjetivo e significa 'correto, preciso, decidido':

  Temos de entregar os produtos no *prazo determinado* para não sermos multados.

▸ ***Muito(s)/muita(s)***:

— *Muitas pessoas* que eu conheço deixaram de comer carne.
— Faz *muito tempo* que não tenho notícias do Bruno.

▸ ***Nenhum/nenhuma***:

— Não tem *nenhum problema* você se atrasar um pouco, eu te espero.
Ainda não temos *nenhuma* informação sobre os prejuízos causados pelo incêndio na fábrica de tecidos.

▸ ***Outro(s)/outra(s)***:

— Hoje não vou poder almoçar com você.
— Tudo bem, fica pra *outro dia*.
— Por enquanto, só estive em Bogotá, mas quero conhecer *outras cidades* da Colômbia.

▸ ***Pouco(s)/pouca(s)***:

— Faz *pouco* tempo que me mudei para o Brasil.
Hoje o céu vai estar claro, com *poucas* nuvens.

- *Pouco(s)/pouca(s)* podem ser reforçados com *muito*:

— *Muito pouca gente* ainda frequenta os cinemas do centro da cidade.

▸ ***Qualquer*** é de uso frequente, mas a forma plural *quaisquer* é pouco usada:

— Eu não sou muito exigente, pra mim *qualquer carro* usado serve, desde que não seja muito velho.
Nosso serviço de atendimento ao cliente está sempre disponível para esclarecer *quaisquer dúvidas* sobre os produtos adquiridos.

- ***Qualquer um*** pode ser usado para se referir a *qualquer pessoa*:

— Parabéns, não é *qualquer um* que consegue aprender a falar japonês em tão pouco tempo!

- Existem diversas expressões com *qualquer*, usadas com frequência:

→ *qualquer dia* (*desses*)/*qualquer hora* (*dessas*)

— Tô com saudades de você, *qualquer dia desses* passo lá na sua casa.

→ *de qualquer maneira/de qualquer modo/de qualquer jeito*

— Ainda não arrumei minha mala. *De qualquer jeito*, a viagem é só depois de amanhã, dá tempo.

→ *a qualquer momento*

— Melhor trazer o guarda-chuva, *a qualquer momento* pode começar a chover.

→ *a qualquer preço* ('sem medir esforços; custe o que custar')

— Temos que terminar essa obra *a qualquer preço*, antes que comece a temporada de chuva!

- Quando vem depois do substantivo, *qualquer* pode expressar a ideia de uma pessoa ou coisa sem qualificação ou sem valor:

— Não quero contratar uma secretária *qualquer*, precisa ter um bom currículo.
— A Kátia não é uma pianista *qualquer*, ela já ganhou diversos prêmios.

▸ ***Quanto(s)/quanta(s)***:

A polícia ainda não sabe dizer *quantas pessoas* participaram da manifestação.

- *Quanto(s)/quanta(s)* podem expressar surpresa ou admiração, em frases exclamativas:

— Nossa, *quanta* gente na praia hoje!

- ***Tanto(s)/tanta(s)***:

  — Por que você põe *tanto açúcar* assim no café?
  — Tinha *tanta gente* hoje na estação, que tive de esperar meia hora pra poder entrar no metrô!

  - *Tanto ... quanto* |comparações ☛ 5.4.1|:

    — Eu procuro sempre passar *tanto tempo quanto* possível com meus filhos.

  - *Uns ... e tanto*(s) indica uma quantidade indeterminada, mas superior ao número mencionado:

    — Não sei o comprimento exato da mesa, deve ter *uns* dois metros *e tanto*.
    — O Luís já deve ter *uns* sessenta e *tantos* anos.
    — Já se passaram *uns* cento e *tantos* anos desde a fundação da nossa cidade.

- ***Todo/toda***:

  - Sem artigo, *todo* e *toda* vêm antes do substantivo e indicam individualidade ('cada'):

    — *Toda semana* eu vou ao cinema.
    — *Toda vez* que chove minha rua fica alagada!

  - Com artigo, *todo* e *toda* podem vir antes ou depois do substantivo e indicam totalidade ('inteiro'):

    — Teve chuva forte durante *toda a semana/a semana toda.*
    — As crianças comeram *todo o bolo/o bolo todo.*

  - Com expressões de tempo, o substantivo geralmente vem antes:

    Choveu *a tarde toda/o dia todo/a noite toda/a semana toda.*

  - *Todos* e *todas* vêm acompanhados de artigo ou de pronomes pessoais:

    — A empresa vai trocar *todos os computadores/os computadores todos.*
    — Esses computadores já estão velhos: a empresa vai trocar *todos eles/eles todos.*
    — Lutar contra os preconceitos é um dever de *todos nós/nós todos.*
    — Meninas, hoje eu vou levar *todas vocês/vocês todas* ao shopping.

  - *Todo mundo* ('todas as pessoas') é uma expressão muito frequente:

    — Quando a Marisa subiu ao palco, *todo mundo* se levantou e aplaudiu.

- ***Uns/umas***:

  - *Uns* e *umas* expressam a ideia de 'alguns, algumas':

    — Tem *umas pessoas* ali fora esperando pra falar com você.
    — Ouvi dizer que o Eduardo está enfrentando *uns problemas* sérios de saúde.

- Quando vêm antes de um número, *uns* e *umas* expressam a ideia de 'aproximadamente':

  — Tinha *umas duzentas pessoas* na festa de casamento da Marli.
  — Eu corri *uns dez quilômetros* hoje de manhã.

- *Uns* e *umas* podem se combinar com as preposições *em, de* |assim como um e uma, ☛ 10.1|:

PREPOSIÇÃO	COMBINAÇÃO
de	**duns/dumas**
em	**nuns/numas**

10.10.1 No singular

▸ Os seguintes quantificadores são empregados apenas no singular:

algo
alguém
bastante*
cada
nada
ninguém
outrem
quem
tudo

(*) Existe a forma plural *bastantes*, mas raramente é usada.

▸ Apenas *cada* e *bastante* vêm antes de substantivos e números. Os outros quantificadores aparecem sozinhos.

▸ *Alguém, ninguém, outrem, quem* se referem a pessoas. *Outrem* significa 'outra pessoa' ou 'outras pessoas', mas é de pouco uso, geralmente em textos formais.

▸ *Algo, nada, tudo* se referem a coisas.

▸ *Algo* é mais formal e se refere a coisas. Na fala espontânea, costuma ser substituído por *uma coisa/alguma coisa*:

— O senhor aceita *algo* para beber?/O senhor aceita *alguma coisa* para beber?
Na semana passada, aconteceu *algo* curioso com ele./Na semana passada, aconteceu *uma coisa* curiosa com ele.

- **Alguém**:

  — Você conhece *alguém* que possa traduzir esse texto para mim?

- **Bastante**:

  — Com *bastante* azeite, essa receita fica uma delícia!

  - *O bastante* significa 'o suficiente':

    — Eu guardei dinheiro o ano todo pra trocar de carro, mas não foi *o bastante*.

- **Cada**:

  Cada estado brasileiro tem sua Câmara de Deputados, e *cada* cidade, sua Câmara de Vereadores.

  - *Cada um/cada uma*:

    É preciso deixar bem claro o papel de *cada uma* das pessoas que participam do projeto.
    Os candidatos a governador vão participar de um debate hoje à noite na televisão: *cada um* vai ter dez minutos para fazer sua declaração inicial.

  - *Cada um* pode significar 'cada pessoa':

    — Quando estamos de férias, a liberdade é total: *cada um* faz o que quer. (em situações mais formais se usa *cada qual*)
    — Vamos comprar um presente pra professora Inês: *cada um* contribui com quanto puder.

  - *Cada* em orações com exclamação expressa surpresa:

    — Ele conta *cada* história! (histórias surpreendentes)
    — Fortaleza tem *cada* praia bonita! (muitas praias bonitas)

  - *Cada uma* se usa em exclamações, principalmente para indicar aborrecimento, desgosto etc.:

    — Meu chefe inventa *cada uma*! Agora quer que a gente trabalhe no sábado!

  - *A cada* aparece em expressões de frequência:

    — Tome dois comprimidos *a cada* duas horas.

- **Nada**:

  — Você entendeu alguma coisa do que a Neide explicou?
  — Não entendi *nada*.

- **Ninguém**:

  — Alguém telefonou pra mim?
  — Não, *ninguém*.

- **Quem**:

  — *Quem* tiver ainda alguma dúvida levante a mão, por favor.

- **Tudo**:

  — Ainda falta alguma coisa pra guardar nas caixas?
  — Não falta nada, já guardamos *tudo*.

  — E aí, *tudo* bem?
  — *Tudo* bem, e você?

10.10.2 No plural

- Quantificadores empregados apenas no plural:

demais	———
diversos	**diversas**
inúmeros	**inúmeras**
vários	**várias**

- **Demais** é de uso mais formal, equivale a 'e os outros/as outras':

  Desembarcaram hoje em Brasília o presidente da França e *demais* chefes de Estado que participarão da reunião de cúpula sobre o clima.

- **Diversos, diversas**:

  As vacinas estão sendo testadas em *diversos* laboratórios pelo mundo.

- **Inúmeros, inúmeras:**

  Hoje em dia, são *inúmeras* as utilizações possíveis do telefone celular.

- **Vários, várias:**

  É fundamental lavar as mãos *várias* vezes ao dia.

CAPÍTULO 11
Preposições

► As preposições em PB, assim como os advérbios, são usadas para expressar circunstâncias diversas, como lugar, tempo, direção, frequência, companhia, modo, entre outras, e podem estar em diferentes posições na oração |advérbios, ☛ 12|.

São muitas as expressões com preposição, por isso apresentamos aqui algumas das mais usadas.

11.1 *A*

- ► Combinações de *a* + artigo |crase ☛ 1.10|.
- ► Preposição *a* com objeto indireto |☛ 2.3|:
    - É muito frequente o uso da preposição *para* em lugar de *a* com objeto indireto:

— Emprestei o meu carro *ao Marcelo/pro Marcelo* (*pro = para + o*)
— Eu preciso devolver esse livro *à biblioteca/pra biblioteca.*
— O que é que a gente pode dar de presente *ao Júlio/pro Júlio*?

▸ A preposição *a* é das mais empregadas e pode ter muitos sentidos diferentes:

- **movimento direcionado:**

— Ontem fomos *ao* cinema.
— Nossa viagem *à* Argentina foi cancelada.
— A Jane resolveu voltar *a* trabalhar no hospital.

Obs.: Na fala, a preposição *a* costuma ser substituída pelas preposições *para* e *em* nas expressões de movimento/direção, principalmente com os verbos *ir*, *vir* e *voltar*:

— Hoje depois do trabalho eu e o Celso vamos *pro* cinema. (*pro = para + o*)
— Acho que eu já vim *nessa* loja antes... (*nessa = em + essa*)
— Eu só preciso voltar *no* médico daqui a um mês. (*no = em + o*)

- **tempo:**

— *A que horas* sai o seu voo?
— *Às sete e meia.*

— Eu gosto de estudar *à noite* porque faz mais silêncio.

- **lugar, posição:**

— *À esquerda* da minha casa tem uma farmácia, *à direita* tem uma padaria.

- **preço:**

— O quilo do feijão está *a oito reais* nesse supermercado.

- **distribuição, gradação:**

— *Pouco a pouco* fui aprendendo a gostar de café sem açúcar.

- **distância:**

Brasília fica aproximadamente *a mil quilômetros* de São Paulo.

- **direção no tempo, no espaço:**

— Daqui *a dois anos* eu me aposento.
— Da minha casa *ao escritório* eu levo vinte minutos de carro.

- **modo, meio ou instrumento:**

— Fique *à vontade* para perguntar o que quiser.
— Nesse hotel-fazenda as crianças podem aprender a andar *a cavalo*.
Não é permitido preencher o formulário *a lápis*.
— A crise econômica está indo de *mal a pior*.

▸ Existem incontáveis expressões de modo formadas com *a*, *à*, *ao* e *aos*:

a pé	*à vontade*	*às pressas*
a prazo	*à toa*	*às gargalhadas*

a gosto	*à mão*	*às escondidas*
a sangue-frio	*à deriva*	*às escuras*
a conta-gotas	*à máquina*	*aos pedaços* etc.

▸ Usa-se **a + infinitivo** para indicar simultaneidade de ação:

Em nosso hotel você ficar sentado na areia da praia *a apreciar* o pôr-do-sol.

- Esse uso é bem menos frequente do que o do gerúndio |☛ 3.6|:

— Ontem a gente ficou sentado na areia da praia *apreciando* o pôr-do-sol.

11.2 *Após*

▸ *Após* é uma preposição de uso mais formal. Na fala normal, é mais comum se empregar *depois* [*de*]:

Após a divulgação do resultado das eleições, o prefeito reconheceu a derrota e parabenizou o adversário.

11.3 *Até*

▸ A preposição *até* é usada para indicar limite de espaço ou de tempo:

— Nós vamos viajar de carro *até a Argentina.*
— Ontem teve um problema com o elevador, a gente teve que subir de escada *até o nono andar!*
— O Rodrigo vai ficar em Curitiba *até domingo.*
O Rio de Janeiro foi a capital do Brasil *até 1960.*

▸ Também expressa inclusão:

— O Arnaldo está se mudando pra Manaus. Vai vender tudo, *até o carro.*

- É muito frequente neste caso o uso de *até mesmo*:

O calor do verão passado foi intenso *até mesmo* nas cidades da serra, onde o tempo costuma ser mais fresco nessa época do ano.

▸ É frequente empregar *desde/de... até*:

O rio Amazonas corre *desde a Cordilheira dos Andes até o Oceano Atlântico.*
A estação da seca em Brasília vai *de abril até setembro.*

▸ Usa-se *até* em despedidas:

— *Até logo!*
— *Até já!*

— *Até breve!*
— *Até mais!*
— *Até amanhã!*
— *Até daqui a pouco!*

▸ Algumas expressões comuns com *até*:

- *até que enfim!* ('finalmente, por fim')

  — *Até que enfim* parou de chover!

- *até parece!* ('indica que a pessoa duvida do que está sendo dito')

  — O Henrique mandou dizer que está com muita saudade de você.
  — *Até parece!* Por que então ele nunca me telefona?

- *até o pescoço* ('até quase o máximo suportável')

  — Não sei se vou continuar morando nesse prédio. Já estou *até o pescoço* com o barulho da rua, mal consigo dormir!

- *até dizer chega* ('até o máximo possível, até não poder mais')

  — Hoje à noite eu vou à boate e quero dançar *até dizer chega!*

11.4 *Com*

▸ **Companhia, acompanhamento, junção:**

— Eu gosto de trabalhar *com* a Andreia, ela é muito organizada.
— O Chico chegou na festa *com o violão* e tocou a noite inteira!
O arroz *com feijão* é a base da cozinha popular brasileira.

▸ **Modo**

- A preposição *com* é muito usada para expressar o modo como se faz alguma coisa ou como a pessoa se sente: *com força, com medo, com paciência, com prazer, com rapidez, com tristeza, com vergonha, com vontade* etc.

  — Aceita uma taça de vinho?
  — *Com prazer*!

  — Hoje estou *com vontade* de comer batata frita!

  — A Telma até agora não chegou!
  — *Com certeza* ficou presa no trânsito.

- Em PB, as sensações e os sentimentos são expressos com *estar/ ficar com* ('ter') |☛ 3.12;3.10|:

  estar/ficar com medo
  estar/ficar com vergonha

estar/ficar com sono
estar/ficar com fome
estar/ficar com saudade etc.

▸ **Instrumento**

— A senhora vai pagar *com dinheiro* ou *com cartão*?
— Você pode fazer todas essas operações pelo telefone, *com o aplicativo do banco.*
— Estou ensinando o Paulinho a comer *com garfo e faca*, ele já tá na idade.

▸ **Causa**

Com o aquecimento global, o nível dos oceanos vai subir e ameaçar cidades costeiras. (= *por causa do aquecimento global*)

Outros usos:

- tempo; idade |☛ 3.10|

— O bebê da Sílvia já está *com seis meses*.
— *Com o tempo* eu fui aprendendo a gostar de café sem açúcar.

- circunstância; clima

— Acho muito perigoso dirigir à noite *com chuva*.
— Fica impossível trabalhar *com toda essa barulheira*!

- conteúdo

— Nesse canto da sala, pode ficar bonito um *vaso com flores coloridas*.
— Na geladeira tem uma *jarra com suco de maracujá*, você pode tomar se quiser.

11.5 *Conforme*

▸ *Conforme* é uma preposição de uso mais formal, assim como *segundo* (= *de acordo com*):

— A obra será concluída *conforme o prazo combinado*, não se preocupe.

11.6 *Contra*

▸ **Oposição**

Na próxima fase do torneio de basquete, o Brasil vai jogar *contra* a Argentina.
A sociedade internacional está cobrando do governo medidas eficazes *contra* o desmatamento da Amazônia.
— Ontem na reunião eu votei *contra* a nomeação do Elias para a direção da empresa.

- **Movimento em sentido contrário**

  O salmão é um peixe que nada *contra a correnteza dos rios* para desovar no mesmo lugar onde nasceu.

11.7 *De*

- A preposição *de* é uma das palavras mais frequentes do PB e pode ocorrer em diferentes contextos: na formação dos superlativos (*maior de, melhor de...*), nos substantivos compostos (*cadeira de balanço, cartão de crédito*), com verbos (*vir de, falar de, gostar de*), além das diversas locuções que veremos a seguir.
- Combinações de *de* + artigo |☛ 6.1| e com demonstrativo |☛ 8.1|.
- Superlativo |☛ 5.4.1|.
- Substantivo composto |☛ 4.2.1|.
- **Posse**

  — Esse é o carro *da* Tânia?
  — Não, esse é o *da* Sílvia.

- **Lugar**
  - *do lado de* (= *ao lado de*) |*junto* ☛ 12.4.2|

    — Vão abrir uma padaria nova *do lado da minha casa*.
    — Eu deixo meu telefone sempre *ao lado da cama* porque me serve de despertador.

  - *de dentro* [*de*]/*de fora* [*de*]

    — A gente teve que abandonar o prédio porque começou a sair fumaça *de dentro do elevador*.
    — Olhando *de fora*, a casa da Larissa parece pequena, mas quando a gente entra, vê que é bem espaçosa.

  - *de perto*/*de longe*

    — Ontem, no zoológico, eu vi pela primeira vez um elefante *de perto*.
    — Hoje cedo, na rua, ouvi alguém me chamar *de longe*, mas não consegui ver quem era.

  - *de longe* também pode ser usado para indicar tempo:

    Vem *de longe* a rivalidade entre Brasil e Argentina no futebol.

  - *de longe* pode indicar uma grande diferença ou vantagem entre duas coisas ou pessoas:

    O Brasil é *de longe* o país mais industrializado da América do Sul.

▸ **Lugar de origem** |ser de ☛ 3.9|

A preposição *de* marca um ponto no espaço (um lugar) que estabelece a origem de um objeto, ação, evento etc.:

— O voo *de* Paris está atrasado, só vai chegar às 20h.
— *Do* meu apartamento eu vejo o aeroporto.
O café *da* Colômbia é muito valorizado internacionalmente.

▸ **Distância (no espaço e no tempo)**

- *de ... a/de ... até*

— *De São Paulo a Brasília* o tempo de voo é de uma hora e meia.
— Nós moramos no Recife *de 1987 até 1994*.
— *Da* sua casa *até* a minha é muito longe a pé?

- *daqui/daí/dali*

— Eu quero perder no mínimo cinco quilos *daqui até o final do ano*.
— O André disse que vai chegar *daqui a pouco*, dez minutos no máximo.

▸ **Direção**

Há diversas expressões com a preposição *de* que indicam direção, como por exemplo:

- *de lá para cá/daqui para lá*

— É difícil trabalhar nessa sala cheia de gente. As pessoas ficam passando o tempo todo *daqui pra lá, de lá pra cá*, não consigo me concentrar.

- *de cima para baixo/de baixo para cima*

— Vou começar a guardar os livros na estante *de cima para baixo*, assim eles ficam mais afastados da poeira do chão.

- *de alto a baixo*

— As paredes da biblioteca da nossa escola estão cobertas *de alto a baixo* por desenhos feitos pelos alunos.

- *de lado a lado*

— Esse salão de festas mede 15 metros *de lado a lado*.

- *de um lado para o outro*

— O Artur é muito impaciente. Enquanto não começa o embarque, ele fica andando *de um lado pro outro* no salão do aeroporto.

- *da esquerda para a direita/da direita para a esquerda*

Nos países ocidentais, os livros se abrem *da esquerda para a direita*. No Japão e nos países de língua árabe, eles se abrem *da direita para a esquerda*.

- *de ponta a ponta*

  — Eu andei essa rua *de ponta a ponta* e não encontrei nenhum caixa eletrônico do meu banco.

- *do início ao fim*

  O time espanhol jogou muito melhor que o brasileiro *do início ao fim* da partida.

- *de um ponto a outro/de uma ponta a outra*

  — *De uma ponta a outra* dessa praia, você só encontra hotéis de luxo.

- *de Norte a Sul/de Leste a Oeste*

  A distância entre os pontos extremos do Brasil é de 4.394 quilômetros *de Norte a Sul* e 4.319 *de Leste a Oeste*.

▸ Partes do dia

- *de manhã*
- *de tarde*
- *de noite*
- *de dia*
- *de madrugada*

— A senhora prefere fazer as aulas de natação *de manhã* ou *de tarde*?
— Eu como muito pouco *de noite*.
— Meu avô acordava *de madrugada*, antes do sol nascer, para ir tirar leite das vacas.

OBS.: Também se pode dizer *pela manhã, à tarde* e *à noite*.

▸ Frequência

- *de novo* (= *novamente*)

  — Eu estudei alemão muito tempo atrás, já não me lembro de quase nada, vou ter que aprender tudo *de novo*!

- *de vez em quando*

  — Meus filhos só veem televisão *de vez em quando*, eles estão mais habituados a ver as coisas na internet.

▸ Transporte

- *de carro*
- *de ônibus*
- *de metrô*
- *de avião*
- *de táxi*
- *de trem*
- *de bicicleta*

- *de barco*
- *de navio* etc.

— Na rua do teatro é difícil estacionar, melhor você ir *de táxi* e não *de carro*.
— Em São Paulo a gente pode ir *de metrô* a vários lugares interessantes.

Obs.: Exceções: *a pé* e *a cavalo*.

▸ Causa

- *de frio*
- *de calor*
- *de cansaço*
- *de fome*
- *de sede*
- *de sono*
- *de medo*
- *de susto*
- *de alegria* etc.

— Você pode ligar o aquecedor? Estou tremendo *de frio*!
— A Vilma pulou *de alegria* quando soube que tinha sido aprovada no concurso!

Obs.: Essas expressões são muito empregadas para indicar sensações, emoções etc. Com muita frequência vêm acompanhadas do verbo *morrer* ou do adjetivo *morto*:

— Vou me deitar, estou *morto de sono*!
— Quando criança, eu *morria de medo* do escuro!

▸ Negação enfática

- *de modo algum*
- *de jeito algum/nenhum*
- *de forma alguma/nenhuma*
- *de maneira nenhuma*

— Você se incomoda se eu abrir a janela?
— *De jeito nenhum*, fique à vontade.

— Mãe, a gente pode tomar sorvete?
— *De maneira nenhuma*, só depois do almoço!

▸ Modo

Existem incontáveis expressões de modo formadas com a preposição *de*:

- (*ficar/estar*) *de joelhos*
- (*andar/estar*) *de braço dado/de mãos dadas*
- (*virar/ficar*) *de costas* ('com as costas para cima')
- (*dar/receber*) *de mão beijada* ('sem pecisar fazer nada em troca')
- (*tocar*) *de ouvido* ('sem ter estudado música'; 'sem precisar ler a partitura')
- (*sair*) *de fininho* ('sem ser percebido')

- (*pisar*) *de mansinho* ('sem fazer barulho')
- (*dar*) *de bandeja* ('sem pedir nada em troca')

etc.

Destacamos as seguintes, muito empregadas:

- *de cor* ('de memória')

  — O nosso professor de grego na faculdade sabia *de cor* trechos inteiros da *Odisseia*!

OBS.: A expressão *de cor* se usa frequentemente com o verbo *saber*. É comum usar a expressão *de cor e salteado* como forma de reforço ou exagero:

— Meu tio Arnaldo é juiz, ele sabe o Código Civil *de cor e salteado*!

Da expressão *de cor* deriva o verbo *decorar* ('aprender de memória'):

— No meu tempo de escola, a gente tinha que *decorar* um monte de coisas sem entender pra que serviam!

- *de propósito* (o contrário é *sem querer*)

  — Mãe, a Luísa pisou no meu pé *de propósito*!
  — É mentira, mãe, eu pisei *sem querer*!

- *de repente* ('de maneira inesperada')

  — Eu estava pra sair de casa quando *de repente* começou a chover forte.

OBS.: Existem também as formas *repentinamente* e *de súbito*, usadas em situações mais formais.

▸ Outros usos

taça *de* vinho... (também se usa *com*) (conteúdo)
jarra *de* vidro; prato *de* louça; anel *de* ouro... (matéria)
poste *de* dez metros... (altura)
mulher *de* 30 anos... (idade)
sofá *de* quatro lugares... (tamanho)
impressora *de* mil reais... (preço)
roupa *de* festa... (finalidade)
viver *de* rendas... (meio)
criança *de* cabelo preto, *de* blusa branca e short azul... (descrição)

11.8 *DESDE*

▸ A preposição *desde* marca o ponto de origem de uma ação ou situação no tempo:

Brasília é a capital do Brasil *desde* 1960.
— A Juliana está morando na Espanha *desde* o início do ano.

▸ Com *até*, a preposição *desde* pode expressar gradação:

— Essa loja é muito variada, aqui você encontra *desde objetos simples e básicos até artigos de luxo.*

Desde então indica um ponto de início no passado e um prosseguimento no presente:

— Eu parei de comer carne há dois anos. *Desde então* tenho me sentido com mais disposição física.

Desde que pode expressar:

- ponto de origem no tempo:

  — *Desde que* eu parei de tomar café de tarde, nunca mais tive problemas pra dormir.

- uma condição (subjuntivo |☛ 13.8.2|):

  — Eu posso te emprestar o carro, *desde que* você *me devolva* amanhã à tarde, porque tenho de ir ao médico.

Desde quando pode expressar

- um ponto de início no passado:

  — *Desde quando* você está sem fumar?
  — *Desde* o ano passado.

- uma reprovação ou censura, em frases interrogativas:

  — *Desde quando* eu te dei permissão pra usar meu computador sem me pedir?

11.9 *Durante*

▸ A preposição *durante* expressa duração ou permanência num período de tempo delimitado:

A população brasileira cresceu pouco *durante a última década.*
— Minha mãe foi professora de inglês *durante dez anos* antes de se casar.

11.10 *Em*

▸ Combinações de *em* + artigos |☛ 6.1|.

▸ Assim como *a, com, de, para* e *por*, a preposição *em* é uma das palavras mais empregadas em PB e pode ter sentidos diversos.

▸ Lugar

— A Vera mandou dizer que já está *no restaurante* esperando a gente.
— Vou passar o fim de semana todo *em casa*.
— Meus avós maternos nasceram *em Portugal*.
— Eu e meu marido nos conhecemos *em Santa Catarina*.
— Antes eu morava *em apartamento*, agora moro *numa casa*.

▸ Movimento, direção, ponto de chegada

— Nós estamos indo *na casa* da Janete, quer vir com a gente?
— Em geral, eu chego *no trabalho* um pouco antes das oito da manhã.
— Vou levar as crianças *na escola* e já volto.

Obs.: Nesses casos, *em* alterna com *a*. Em contextos mais formais, se usa *a* em lugar de *em*:

O presidente chinês *chegará a* Brasília na próxima segunda-feira.
Todo o elenco do filme *vai a Gramado* participar do festival de cinema deste ano.

▸ Tempo

O grande escritor brasileiro Machado de Assis nasceu *em 1839* e morreu *em 1908*.
— Vamos comer uma pizza *no próximo sábado*?
No verão passado as temperaturas foram muito mais elevadas do que o normal para essa época do ano.
— Eu não gosto de beber à noite porque *no dia seguinte* acordo com dor de cabeça.
— Quando você vai tirar férias?
— *Em janeiro*.

▸ Modo

Existem incontáveis locuções de modo formadas com a preposição *em*:

em contrapartida ('em compensação; por outro lado')
em vão ('inutilmente')
em silêncio
em paz
em segredo
em geral
etc.

Usa-se *em* quando se trata de línguas:

— Meus avós só falavam comigo *em alemão*.
— O manual dessa máquina está todo *em inglês*!
— "Brasil" *em japonês* é "Burajiru".

11.11 *Entre*

► A preposição *entre* indica um ponto no meio de dois lugares, dois períodos de tempo, duas coisas, duas pessoas etc. Ocorre em frases do tipo *entre ... e ...*:

A distância *entre Salvador e Recife* é de mais de 670 quilômetros.

— Nós moramos na Bahia *entre 1990 e 2002*.
— Acho que vou colocar esse quadro na parede *entre a porta e a janela* da sala.
— *Entre o Jonas e o Ricardo*, com quem você prefere trabalhar?

► Em outros usos, *entre* vem sempre seguida de palavras no plural:

Entre os presentes à cerimônia estavam três ex-presidentes da República.
— Discutam as opções *entre vocês* e depois me digam o que decidiram.
São muitas as diferenças culturais *entre os povos indígenas brasileiros*.
— Cá *entre nós*, achei que a comida ontem na casa do Tadeu estava muito salgada.
Entre as ruínas da velha igreja foram encontrados alguns objetos de grande valor histórico.

11.12 *Exceto, fora*

► As preposições *exceto* e *fora* expressam exclusão:

Todos os países da América do Sul fazem fronteira com o Brasil, exceto o Chile e o Equador.
— *Fora* o tio Renato, que é médico, os outros irmãos da minha mãe são engenheiros.

► *Fora* também pode significar 'além de':

— Tivemos mais de cem convidados na nossa festa de casamento, *fora* as pessoas da família.

Obs.: Também existe a forma *afora*, com os mesmos sentidos:

— Todos os apartamentos do meu prédio foram vendidos, *afora* o 306.

11.13 *Mediante*

► A preposição *mediante* significa 'por meio de', 'graças a', 'com o auxílio de' e aparece em usos mais formais:

Mediante nossos investimentos na área da saúde, vamos poder inaugurar dois novos hospitais na cidade ainda este ano.

11.14 *PARA*

▸ A preposição *para* é muito usada em PB. Na fala normal, costuma se reduzir a *pra*. ▸ Combinações de *para* + artigo |☛ 6.1|.

▸ A preposição *para* introduz o beneficiário, o interessado, o destinatário de uma ação:

— Quero comprar um presente *pro Eduardo*, você tem alguma sugestão?
— O porteiro mandou avisar que chegou uma encomenda *pra você*.
— Essa nova dieta vai fazer muito bem *pra sua saúde*.

▸ **Movimento, direção**

▸ A preposição *para* expressa um movimento em direção a uma pessoa, uma coisa, um lugar etc.:

— Você soube que a Vanessa se mudou *para* Belo Horizonte?
— O melhor caminho *pro* centro da cidade é pela Avenida Independência.
— Por que você ficou olhando *pra* mim o tempo todo durante a reunião?
— Ontem à tarde eu fiquei mais de uma hora olhando *pro* mar.

OBS.: Com os verbos *ir, vir, voltar, levar, viajar* e outros que indicam direção/movimento, é muito comum usar *para* em lugar de *a*, quando se trata de um deslocamento temporário |☛ 11.1|:

— Eu vou *pro* trabalho de ônibus.
— Você pode levar as crianças *pra* escola hoje?
— A Marcela viajou *pra* Curitiba, vai ficar lá duas semanas.

- Quando o deslocamento é definitivo, só se usa *para*:

  — O Ricardo foi *pra* Vitória e nunca mais voltou por aqui.
  — Meus pais, depois que se aposentaram, voltaram *pra* terra natal deles, no interior do Paraná.

- *para dentro* (*de*)/*para fora* (*de*) |☛ 12.4.2|:

  — Traga as cadeiras *pra dentro* antes que comece a chover.
  — Leve o lixo *pra fora*, por favor.

- *para perto* (*de*)/*para longe* (*de*) |☛ 12.4.2|

  — A Gabriela se mudou *pra perto da* casa da mãe dela.
  — Por causa do trabalho, o Lauro teve que se mudar *pra longe da* família.

- *para baixo* (*de*)/*para cima* (*de*) |☛ 12.4.2|

  — Quando estou em algum lugar alto, não gosto de olhar *pra baixo* porque fico tonta.
  No final do show, várias pessoas correram *para cima do* palco e abraçaram a cantora.

- *pra cima e pra baixo/pra lá e pra cá* ('por toda parte')

  — Amanhã é o dia da mudança, já sei que vou ter de ficar correndo *pra cima e pra baixo* carregando coisas pro apartamento.
  — Hoje passei o dia andando *pra lá e pra cá* na universidade tentando resolver um problema burocrático.

▸ **Tempo**

- *para* introduz data ou período para a realização de um evento, ação etc., em geral com os verbos *ficar* e *ser*:

  — A mudança da empresa para o prédio novo *ficou para o mês que vem*, por causa do atraso das obras.

  — *Pra quando ficou* marcado o casamento da Ângela e do Márcio?
  — *Pro dia 10 de maio.*

- *(é) pra já* ('imediatamente'); ocorre principalmente em respostas:

  — Pra quando a diretora quer esse formulário preenchido?
  — *Pra já!*

  — Você pode me ajudar a carregar essas caixas pro depósito?
  — *É pra já!*

- *pra ontem* ('o mais depressa possível, com urgência'):

  — Eu trouxe o meu computador pra você consertar, mas preciso dele pronto *pra ontem*!

- *para* + artigo indica o tempo que falta para se completar uma hora determinada; a palavra *minutos* costuma não aparecer; apesar de se referir a *minutos*, a expressão fica no feminino, por se referir a *horas*:

  — Que horas são?
  — *São dez para o meio-dia.* (= 11h50min: dez minutos para o meio-dia)

  — Ainda falta meia hora *pro início da reunião.*
  — Eu devo chegar aí às *quinze pras duas* mais ou menos. (= 13h45min)

▸ **Finalidade, objetivo**

— Acordo todo dia bem cedo *para caminhar.*
— *Pra gente viajar* tranquilo, deixei meu carro na oficina *pra fazer uma revisão.*
— A Larissa vai passar dois anos em Berlim *pra estudar alemão.*

- nas perguntas, se usa *para que* quando se quer saber a finalidade (em final de frase se escreve *para quê*):

  — *Pra que* você quer o endereço da Neide?
  — *Pra* mandar uns livros que ela me pediu.

  — Esse novo aplicativo que você instalou no telefone serve *pra quê*?
  — *Pra* poder ouvir programas de rádio de outros países.

▸ **Intensidade**

▸ Existem várias locuções formadas com a preposição *para* que indicam intensidade. São todas de uso muito informal:

- *pra burro, pra chuchu, pra caramba, pra cachorro, pra dedéu* (também se usa *à beça*, ☛ 11.1)

  — O conserto do carro ficou caro *pra burro!* ('muito caro')
  — Hoje o dia tá quente *pra cachorro*! ('muito quente')
  — Ontem na festa as crianças se divertiram *pra chuchu!* ('muito')

▸ **Opinião, posicionamento etc.**

- *para mim, para você, para ele...* são usadas para expressar uma opinião ou posicionamento pessoal:

  — Você pode vir almoçar aqui em casa no sábado ou no domingo, pra mim não faz diferença, e *pra você*?
  — Meu professor de música disse que, *para ele*, Beethoven é o maior compositor de todos os tempos.

11.15 *Por*

▸ Combinações de *por* + artigo |☛ 6.1|.

▸ Assim como *a, com, de, em* e *para*, a preposição *por* é muito usada em PB.

▸ **Movimento, lugar**

▸ A preposição *por* costuma indicar um movimento sem limites claros ou um lugar indefinido:

— Quando eu estou numa cidade que não conheço, gosto de andar *pelas* ruas e ir descobrindo lugares interessantes.
— A Sandrinha tem essa mania de largar os brinquedos espalhados *por aí* e depois chora porque não sabe onde deixou!

▸ Também tem o sentido de 'através de; ao longo de':

— No mês passado o Antônio e eu fizemos um belo passeio *pela* Serra de Petrópolis.
— Ontem um passarinho entrou *pela* janela do meu quarto!
— Essa mesa é grande demais, não vai passar *pela* porta da sala.
— De São Paulo até o litoral a gente passa *por* vários túneis.
— Eu ia adorar fazer um cruzeiro *pelo* Mediterrâneo!

▸ **Tempo**

- *por* (= *durante*)

  — Trabalhei nessa empresa *por cinco anos* depois que me formei.
  As potências europeias exploraram a África *por vários séculos*.

  — Eu nunca fumei, e você?
  — Já fumei, mas foi *por pouco tempo*.

- *por enquanto, por ora* ('temporariamente')

  — Você já se mudou?
  — Ainda não, só no final do ano. Vou ficar na casa dos meus pais *por enquanto.*

  O Museu da Cidade está em obras. *Por ora,* as visitas estão suspensas.

► Outros usos

- *por acaso* ('inesperadamente')

  — Fazia tempo que eu não via o Ricardo. Ontem, *por acaso,* a gente se encontrou no shopping.

► É comum usar *por acaso* em perguntas, pra suavizar um pedido:

  — *Por acaso* você tem o número de telefone da Marina?
  — Tenho sim, já te passo.

- *por sorte* ('felizmente')

  — Dois carros acabam de bater ali na esquina, *por sorte* ninguém se machucou.

- *por causa de*

  Por causa da desvalorização da nossa moeda, os produtos importados vão ficar ainda mais caros este ano.

- *por meio de*

  — Muito do que eu sei de inglês aprendi *por meio da tradução.*

► Existe também *por intermédio de*, de uso mais formal.

- *pelo meio* ('pela metade; sem terminar')

  — Se os preços continuarem a subir desse jeito, vamos ter que cortar nossas despesas *pelo meio.*
  As negociações entre os dois países ficaram *pelo meio* por causa da falta de acordo sobre as tarifas alfandegárias. As discussões serão retomadas na próxima semana.

- *por volta de* ('aproximadamente')

  — Vou te encontrar no restaurante *por volta das sete e meia,* tudo bem?
  — O Geraldo está ganhando *por volta de dois mil reais* por mês.

- *por* + preço em dinheiro

  — A Vânia me vendeu o carro dela *por quinze mil reais.*

► Existem diversas expressões informais para indicar uma quantia muito pequena ou muito grande de dinheiro:

→ valor muito baixo:	→ valor muito alto:
por uma ninharia	*pelos olhos da cara*
por uma mixaria	*por uma baba*
por uma merreca	*por uma nota preta*
por uma bagatela etc.	*pela hora da morte* etc.

- *pelo avesso* ('do lado contrário, ao contrário, falando-se de roupa')

  — Saí tão apressada de casa que nem vi que tinha vestido a camiseta *pelo avesso*!

▶ Essa expressão é usada frequentemente com os verbos *virar* e *revirar*, para expressar uma busca demorada:

— *Virei a casa pelo avesso*, mas não consegui encontrar a cópia da chave do carro!
— O Chico disse que *virou e revirou a biblioteca pelo avesso*, mas não achou o livro que você pediu.

- *pelo contrário* (*'ao contrário'*) (oposição de ideias, de opiniões)

  — Carolina desistiu de viajar?
  — *Pelo contrário*, ela até já comprou as passagens.

- *por* + medida (proporção ou quantidade fixa)

  — Nesse restaurante o preço é cobrado *por quilo*.
  — Preciso tomar dois comprimidos desses *por dia*.
  — Meu carro é bem econômico, faz quase quinze quilômetros *por litro* de gasolina.
  — Para poder organizar a festa, vamos cobrar dez reais *por cabeça*. (= *por pessoa*)
  A luz viaja a 300.000 metros *por segundo*.

▶ Existem incontáveis locuções de modo formadas com a preposição *por*, como por exemplo:

- *por essas e outras* ('por esse motivo, por causa disso')

  — Tá ficando impossível estacionar na rua da faculdade!
  — *Por essas e outras* é que eu prefiro vir de ônibus.

- *por nada nesse mundo* ('de maneira nenhuma, de modo algum, nunca')

  — Essa rua é muito barulhenta! Eu não ia querer morar aqui *por nada nesse mundo*!

- *pelos cotovelos* ('expressão geralmente usada com o verbo *falar*, refere-se a uma pessoa que fala muito')

  — Na reunião de ontem o gerente falou *pelos cotovelos*, mas não resolveu nenhum dos nossos problemas!

- *pelas tabelas* (refere-se a alguém que está muito cansado ou fraco, quase sempre com o verbo *cair*)

  — Já vou me deitar, hoje o dia foi muito puxado no trabalho, *estou caindo pelas tabelas* de sono.

- pelo ladrão (expressão usada em geral com o verbo *sair*, indica uma quantidade exagerada de alguma coisa)

  — Ontem na inauguração do novo shopping tinha gente *saindo pelo ladrão*![1]

- *pelo sim, pelo não* ('para prevenir, para evitar incômodos, por via das dúvidas')

  — Será que vai fazer frio mais tarde?
  — *Pelo sim, pelo não*, leve um casaco na mochila.

► A preposição *por* é usada na formação da voz passiva |☛ 13.10|:

A cidade de São Luís, capital do Maranhão, foi fundada em 1612 *pelos franceses* que ocuparam a região.

11.16 *Segundo*

► A preposição *segundo* costuma ser usada em contextos mais formais para indicar o pensamento ou a opinião de uma pessoa (também se usa *conforme* ou *de acordo com*) ou o que está previsto nas regras, nas leis etc.:

Segundo Einstein, a velocidade da luz é constante no vácuo.
Temos de aprender a escrever *segundo as regras* da ortografia de cada língua.

11.17 *Sem*

► A preposição *sem* expressa ausência, falta. Em alguns contextos, pode-se dizer que *sem* é o contrário de *com*:

— Você quer seu café *com açúcar* ou *sem açúcar*?
— *Sem açúcar*, obrigado.

► **Modo**

► A preposição *sem* compõe várias expressões de modo:

- *sem dúvida/sem dúvida alguma/sem sombra de dúvida* ('com certeza')

  — A senhora pode me passar o número do seu telefone, por favor?
  — *Sem dúvida*, é 3347-5740.

  A prefeita disse ontem em entrevista que, *sem sombra de dúvida*, vai disputar a reeleição no próximo ano.

- *sem tirar nem pôr* ('exatamente igual; sem omitir detalhes')

  — Eu vou te contar o que aconteceu ontem na festa, *sem tirar nem pôr*.

[1] Chama-se *ladrão* uma abertura ou cano por onde sai a água de um reservatório quando excede determinado nível.

- *sem pé nem cabeça* ('de maneira confusa ou absurda')

  — O Luís me mandou um e-mail *sem pé nem cabeça*, não entendi nada!

- *sem mais nem porquê* ('sem motivo ou explicação')

  — De repente, a Teresa começou a me evitar, *sem mais nem porquê*.

- *sem mais nem menos* ('sem razão, sem justificativa; inesperadamente')

  — Até hoje ninguém sabe por que a Rute decidiu, *sem mais nem menos*, largar o emprego e se mudar para a Bahia.

- *sem querer* ('involuntariamente, sem intenção') (o contrário é *de propósito* | ☛ 11.7|:

  — Ontem, *sem querer*, derrubei café no teclado do computador, que parou de funcionar na hora!

▸ **Adjetivos**

▸ A preposição *sem* é usada para formar algumas locuções adjetivas de uso muito comum:

- *sem graça* ('constrangido, envergonhado'; usado em geral com o verbo *ficar*)

  — Hoje na aula a professora elogiou tanto o meu trabalho que eu até fiquei *sem graça*.

Sem graça também pode significar 'desinteressante, sem atrativos, banal':

— Não gostei de nenhuma roupa dessa loja, achei todas muito *sem graça*.

- *sem jeito* ('inábil; desastrado')

  — Eu sempre fui meio *sem jeito* pra cozinhar.

Sem jeito também pode ter o sentido de 'embaraçado, pouco à vontade':

— O Manuel é muito tímido, quando tem que falar em público, fica todo *sem jeito*.

- *sem juízo* ('sem cuidado, imprudente')

  — A Dora é muito *sem juízo*, comprou um carro muito caro e agora não consegue pagar as prestações!

▸ Um equivalente de *sem juízo* usado pelas pessoas mais jovens é *sem noção*:

— Achei muito *sem noção* você vir trabalhar gripado desse jeito!

▸ A preposição *sem* pode ser usada como prefixo para formar diversos substantivos e adjetivos de uso frequente (escritos com hífen):

- *sem-educação* ('grosseiro, mal-educado, rude'):

  — Ela é uma pessoa *sem-educação*.

- *sem-fim* ('grande quantidade ou extensão'):

  — Recebi um *sem-fim* de comentários no meu blog.

- *sem-número* ('grande quantidade'):

  A saúde tem sido tema de um *sem-número* de livros.

- *sem-par* ('sem igual, incomparável'):

  O Rio de Janeiro tem belezas naturais *sem-par.*

- *sem-sal* ('desinteressante; sem graça'):

  — Ela é uma atriz bonita, mas um pouco *sem-sal.*

- *sem-vergonha* ('imoral, desonesto'):

  — Aquele vendedor *sem-vergonha* me enganou e me vendeu o telefone mais caro!

11.18 *Sob*

▸ A preposição *sob*, principalmente quando indica lugar, é de baixa frequência no PB atual e costuma ser substituída por *embaixo de* ou *debaixo de* |☛ 12.4.2|. De modo geral, *sob* costuma ser de uso mais formal.

▸ **Lugar**

Sob a árvore, sob a cama, sob a mesa, sob o sol... (= *embaixo de/debaixo de*)

▸ Outros usos

▸ Em muitos casos, a preposição *sob* expressa a condição para que alguma coisa aconteça ou a condição em que uma pessoa vive ou se encontra no momento:

- *sob (a) ameaça*

  O desmatamento das nossas florestas coloca *sob ameaça* a sobrevivência de muitas espécies animais.

- *sob (o) controle*

  O corpo de bombeiros informou que o incêndio na fábrica de produtos químicos já está *sob controle.*

- *sob a direção de*

  As pesquisas mostram que muitas empresas *sob a direção* de mulheres são mais lucrativas que as dirigidas por homens.

- *sob (o) efeito de*

  O empresário foi acusado pela polícia de estar dirigindo seu carro *sob efeito* de álcool.

- *sob (a) influência de*

  — Eu escrevi meus primeiros contos *sob a influência de* Jorge Luis Borges.

- *sob juramento*

  Nos tribunais, os depoimentos das testemunhas são sempre feitos *sob juramento.*

- *sob medida*

  Hoje em dia, é muito caro mandar fazer um terno *sob medida.*

- *sob as ordens de/sob (o) comando de*

  — Eu mudei de departamento na empresa porque não queria trabalhar *sob as ordens de* um chefe autoritário.
  A seleção brasileira de vôlei está agora *sob o comando de* um treinador espanhol.

- *sob a orientação/supervisão de* (também se usa *com*)

  — A Heloísa fez a tese de doutorado dela *sob a orientação da* professora Lúcia.
  — Eu fiz meu curso de culinária *sob a supervisão de* um chefe francês.

- *sob pena de* ('ter como consequência')

  Não se deve obrigar as crianças a fazer muitas atividades diferentes por dia, *sob pena de* deixá-las estressadas.

- *sob prescrição médica*

  — Sinto muito, mas só posso vender esse remédio *sob prescrição médica,* o senhor vai precisar de uma receita.

- *sob pressão*

  — Quando eu trabalho *sob pressão,* o resultado nunca me deixa satisfeita.

- *sob a responsabilidade de*

  O hospital agora vai ficar *sob a responsabilidade de* um renomado cirurgião plástico.

OBS.: As expressões com *de* perdem a preposição quando há um pronome possessivo, à exceção de *sob pena de,* que não ocorre com possessivo: *sob a minha influência, sob as ordens* ou *sob o comando dele, sob a sua orientação* ou *supervisão, sob a nossa responsabilidade.*

11.19 *SOBRE*

► A preposição *sobre,* principalmente quando indica **lugar**, é de baixa frequência no PB atual e costuma ser substituída por *em cima de* |☛ 12.4.2|:

Para desafogar o trânsito, vai ser construída uma segunda ponte *sobre* o rio que corta a cidade.

Uma tempestade caiu ontem *sobre* Belo Horizonte, causando muitos estragos.
Depois do show, muitas latas de bebida ficaram espalhadas *sobre* a areia da praia.

► Quando expressa um assunto, *sobre* geralmente vem junto com verbo ou substantivo e significa 'a respeito de':

- com verbos: *comentar sobre, conversar sobre, decidir sobre, escrever sobre, informar sobre, falar sobre, pensar sobre, perguntar sobre, refletir sobre* ...
- com substantivos: *afirmação sobre, aula sobre, comentário sobre, debate sobre, decisão sobre, dúvida sobre, efeito sobre, estudo sobre, imposto sobre, influência sobre, informação sobre, opinião sobre, palestra sobre, pergunta sobre...*

— Ainda estou em *dúvida sobre* alugar uma casa ou um apartamento.
— Ontem eu e Cláudia ficamos quase duas horas *conversando sobre* cinema!

— Preciso *falar* urgentemente com você!
— *Sobre* o quê?

CAPÍTULO 12
Advérbios

► Os advérbios são palavras que expressam diversas circunstâncias, como

- lugar: *aqui, ali, dentro, fora, longe, perto...*
- tempo: *ontem, amanhã, depois, cedo, tarde...*
- frequência: *nunca, sempre, às vezes...*
- modo: *lentamente, rapidamente...*
- intensidade: *muito, pouco, mais, menos...*

► Os advérbios não concordam em gênero ou número com a palavra que eles acompanham, isto é, são palavras invariáveis (existem poucas exceções |☛ 12.3|).

► De modo geral, os advérbios podem ocorrer em diferentes posições na oração. A posição depende da relação com as outras palavras da oração.

► O advérbio se relaciona

- com o verbo:

  — Você *falou pouco* durante a reunião.
  — No verão, eu gosto de *acordar tarde*.

- com o adjetivo (expressa intensidade):

  — Para a festa de amanhã, temos que deixar esse salão *completamente vazio.*
  — O jogador era *muito alto.*
  — Esse computador é *caro demais.*

- com outro advérbio (expressa intensidade):

  — Raquel dança *muito bem.*

▶ O advérbio pode influenciar a oração inteira:

— *Ontem* eu fui no cinema.
— Eu fui no cinema *ontem.*
— Eu fui *ontem* no cinema.

— Eu *infelizmente* não vou poder tirar férias em julho.
— *Infelizmente* eu não vou poder tirar férias em julho.
— Eu não vou poder tirar férias em julho, *infelizmente.*

▶ Em PB, existem muitas locuções com preposição que funcionam como advérbios, como *às vezes, à esquerda* (*de*), *ao lado* (*de*), *de manhã, com pressa, de tarde* etc. |☛ 11|.

12.1 ADVÉRBIOS EM *-MENTE*

▶ Em PB, é frequente o uso de advérbios terminados em *-mente*. Muitos descrevem o modo como acontecem as ações, mas alguns expressam intensidade, tempo etc.:

- *facilmente* (modo)

  No verão, a temperatura no Rio de Janeiro pode chegar *facilmente* aos 45 graus.

- *contrariamente* (modo)

  Contrariamente ao que se esperava, as vendas de automóveis este ano não superaram o volume do ano passado.

- *antigamente* (tempo)

  — Esse bairro *antigamente* era uma grande fazenda de café.

- *recentemente* (tempo)

  — Eu só ouvi falar dessa escritora *recentemente,* quero ler alguma coisa dela.

- *absolutamente* (intensidade)

  — Meu filho disse que está *absolutamente* seguro de que quer estudar medicina.

- *completamente* (intensidade)

  — Esse armário está *completamente* cheio, não cabe mais nada nele!

- Formação: adjetivo na forma feminina + sufixo *-mente*:
  - *perfeita + -mente = perfeitamente*
  - *exata + -mente = exatamente*
  - *obrigatória + -mente = obrigatoriamente*

  — Essas peças têm que estar *perfeitamente* encaixadas para a máquina funcionar bem.
  — Quero comprar uma bolsa *exatamente* igual à sua, só que de outra cor.
  — Para trabalhar nessa empresa, a pessoa precisa *obrigatoriamente* falar espanhol.

- Se o adjetivo tiver apenas uma terminação para o masculino e o feminino, junta-se *-mente* a essa forma:
  - *frequente + -mente = frequentemente*
  - *difícil + -mente = dificilmente*
  - *feliz + -mente = felizmente*

  — Eu tenho me encontrado *frequentemente* com o Augusto porque agora ele é meu vizinho.
  — Já me habituei com o clima daqui, *dificilmente* sinto calor.
  — *Felizmente* amanhã é feriado, estou precisando de um descanso.

- **Atenção!** Quando o adjetivo tem acento, ele desaparece no advérbio:
  - *automática → automaticamente*
  - *básica → basicamente*
  - *próxima → proximamente*
  - *possível → possivelmente*
  - *só → somente*
- Em uma sequência de advérbios em *-mente*, apenas o último recebe a terminação (principalmente na escrita formal):

  Nossos produtos já se tornaram conhecidos *nacional e internacionalmente.*
  — Não precisamos nos preocupar: para resolver esse problema, é preciso *pura e simplesmente* reajustar o cronograma do projeto.

12.2 Diminutivo e aumentativo

- Na fala informal, é comum o emprego de advérbios com o sufixo *-inho* para expressar a ideia de intensidade, como *agorinha, cedinho, devagarinho, juntinho, nunquinha, pertinho*:

  — Não encontro meu celular, ele estava aqui em cima da mesa *agorinha* mesmo.
  — Quer ir lá em casa tomar um café? Eu moro *pertinho* daqui.
  — Se você falar *devagarinho*, eu consigo anotar tudo.

▸ Também se usa o aumentativo (*-ão*) em advérbios, mas é menos frequente:

— Ontem comecei a ver um seriado, quis ver todos os episódios, fui dormir *tardão*.
— De metrô eu chego *rapidão* no trabalho.

12.3 *Todo* e *meio*

▸ O advérbio *todo* (= *completamente*) apresenta marcas de gênero:

— Essa cortina está *toda* suja, preciso mandar lavar.

▸ Na fala espontânea, o advérbio *meio* (= *um pouco*) pode apresentar marcas de gênero, mas isso não ocorre na escrita formal:

— A Mônica anda *meia* preocupada com a saúde dos pais dela, que já são velhinhos.
As relações comerciais entre os Estados Unidos e a China continuam *meio* tensas.

12.4 Lugar

12.4.1 *Aqui, aí, ali/lá*

▸ O uso dos advérbios *aqui*, *aí* e *ali/lá* depende da posição dos falantes e dos ouvintes:

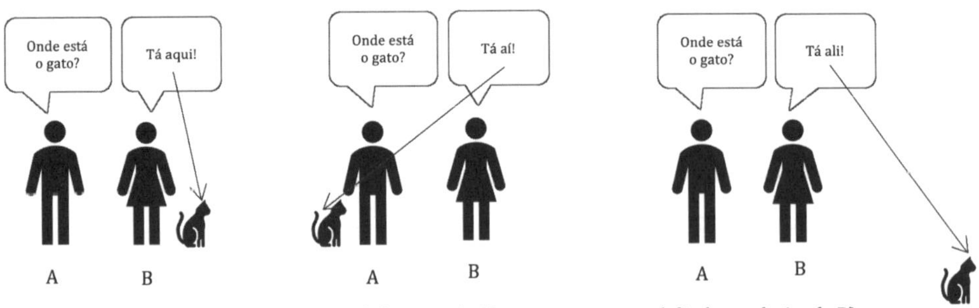

(*aqui* = perto de B) (*aí* = perto de A) (*ali* = longe de A e de B)

▸ Quando se trata de um lugar fora da vista dos falantes, é comum o uso de *lá*:

— Você conhece Florianópolis?
— Conheço, passei às férias *lá* uma vez.

— O Luís vai com a gente ao cinema hoje à noite?
— Vai, ele disse que se encontra com a gente *lá* às 7h30 (= sete e meia).

— Ouvi dizer que o centro da cidade está engarrafado, é melhor você não ir por *lá*.

▸ Se o lugar estiver à vista dos falantes, é comum o uso de *ali*:

— Onde você prefere se sentar?
— *Ali*, naquela mesa perto da janela.

— Olha quem está *ali*, o André!

▸ Usa-se *vamos lá* como expressão de estímulo, sugestão ou ordem atenuada:

— Então, pessoal, *vamos lá*, alguém ainda quer perguntar alguma coisa?

— Será que a reunião já terminou?
— *Vamos lá* ver.

— O almoço já está servido, *vamos lá*?

▸ Em PB, o advérbio *cá* (= *aqui*) não costuma ser usado, exceto em *cá pra nós*, *cá entre nós* e *vem/venha* (*pra*) *cá*:

— *Cá pra nós*, não gostei nem um pouco do que ela fez.
— *Vem cá* pra eu te mostrar uma coisa!
— Traz a sua cadeira mais *pra cá*.

▸ *Aí* é empregado com frequência quando se conta uma história (narrações), para introduzir novas situações ou personagens:

— A gente ia passear na praia, *aí* começou a chover e ninguém pôde sair de casa.

12.4.2 *Dentro/fora, perto/longe* etc.

▸ Quando os advérbios de lugar *dentro/fora*, *perto/longe*, *junto*, *em cima/embaixo*, *na frente/atrás*, *através* têm um complemento, eles precisam da preposição *de*.

- *dentro* (*de*) - *fora* (*de*)

  — Esse pacote tá bem pesado, o que será que tem *dentro*?
  — Passei o fim de semana todo *dentro de casa*.
  — Vou levar as crianças pra brincar um pouco lá *fora*, no quintal.
  — Meu marido morou *fora do Brasil* por mais de dez anos.

▸ A expressão *jogar fora* significa 'desfazer-se de alguma coisa, descartar, pôr no lixo':

— Posso *jogar fora* essas caixas ou você ainda vai precisar delas?

- *perto* (*de*) - *longe* (*de*)

  — Você sabe se tem alguma agência do correio aqui *perto*?
  — Eu sempre prefiro morar *perto do trabalho*, mesmo que seja um pouco mais caro.
  — A Sandra consegue almoçar em casa todo dia porque não mora *longe*.
  — Meus pais nasceram no interior do estado de São Paulo, mas muito *longe da capital*.

- *junto* (*de*) (= *bem perto* (*de*); *do lado* (*de*); *na companhia* (*de*):

  — Eu e a Taís vamos visitar a Helena, você quer vir *junto*?
  — Parece que vão abrir um supermercado bem *junto da minha casa*.

- *acima* (*de*), *de cima* (*de*), *em cima* (*de*), *para cima* (*de*), *por cima* (*de*):

  — Tá vendo aquela farmácia? Eu moro logo *em cima*, no primeiro andar.
  — Vamos atravessar agora uma ponte que passa *por cima do* rio São Francisco.

Obs.: Apenas *acima* é escrito como um palavra só!

- *abaixo* (*de*), *debaixo* (*de*), *embaixo* (*de*) (escritos como uma palavra só), *para baixo* (de), *por baixo* (de):

  — Quando estou num lugar muito alto, não gosto de olhar *pra baixo*, fico tonta!
  — Deixei meu celular cair, ele escorregou e foi parar *debaixo do* fogão!

▸ Além de indicar lugar, *acima, abaixo* etc. também são usados em expressões de tempo, idade, temperatura, peso, quantidade de dinheiro etc.:

A vacinação começará pelas pessoas que têm *acima de* 70 anos.
Apesar de estarmos na verão, as temperaturas em Brasília têm ficado *abaixo dos* 25 graus.
— Estou fazendo regime para tentar ficar com um peso *abaixo dos* 80 quilos.
— Não posso pagar um aluguel *acima de* 2.500 reais.

- *à frente* (*de*), *de frente* (*para*), *em/na frente* (*de*), *para frente*

  — Conhece o Cinema Rex? Eu moro bem *em frente*.
  — Não sei como você consegue passar tantas horas seguidas *na frente da* televisão!

Obs.: É frequente a expressão *daqui pra frente* com relação a tempo ou espaço:

— Acabou o verão, *daqui pra frente* vai chover bem menos.
— Essa estrada é muito movimentada, mas *daqui pra frente* fica bem mais tranquila.

- *atrás* (*de*), *detrás* (*de*) (escritos como uma palavra só), *para trás* (*de*), *por trás* (*de*):

  — Quando estou em casa, por onde eu vou meu cachorro vai *atrás*!
  — *Detrás desse* museu tem um parque muito bonito!
  A nova avenida vai passar *por trás do* parque.
  — Dê alguns passos *para trás*, assim eu posso te ver melhor na tela do computador!

- *através de*

  — A gente fez uma excursão fantástica de barco *através da* Floresta Amazônica!

▶ *Através de* é bastante empregado com o sentido de 'por meio de, graças a, por intermédio de':

— Aprendi muito do que sei de francês *através da* tradução.
A maioria da população brasileira se informa *através da* televisão.

12.5 Tempo

▶ Alguns advérbios de tempo muito usados em PB:

- *agora* (*mesmo*) (também se usa *agorinha*)

  — Não posso conversar com você *agora*, estou atrasada pra reunião.
  — Se você não sair de casa *agora*, vai perder o voo!
  — A Raquel mandou dizer que está chegando *agorinha* mesmo.

- *ainda*

  — Fique mais um pouco, *ainda* é cedo.

  — Já almoçou?
  — *Ainda* não.

  — Já chegou todo mundo pro jantar?
  — *Ainda* faltam chegar três pessoas.

- *anteontem/ontem/hoje/amanhã/depois de amanhã*

14 de maio	15 de maio	16 de maio	17 de maio	18 de maio

anteontem ← *ontem* ← *hoje* → *amanhã* → *depois de amanhã*

- *antes* (*de*) – *depois* (*de*) (*antes que, depois que* |☛ 13.8.5|)

  — Que praça bonita, nunca estive aqui *antes*!
  — Sempre tento sair de casa *antes das* oito horas pra não pegar trânsito.
  — Estou muito ocupada, diga ao Carlos que ligo pra ele *depois*.
  — Gosto de tomar um cafezinho *depois do* almoço.

▶ Com *antes de* e *depois de* se usa o infinitivo pessoal |☛ 3.7.1|:

— Só vamos começar a almoçar *depois de vocês chegarem*.
— *Antes de nós morarmos* em Brasília, passamos dez anos em Salvador.

▶ *Antes* (*de*) e *depois* (*de*) também são advérbios de lugar:

— Ali fica a rodoviária, eu moro uma rua *antes*.
— Logo *depois daquela* esquina, tem uma sorveteria muito boa!

- *cedo – tarde*[1]

— Que horas são?
— Quinze pras oito. (= 8h45m)

— É *cedo* ainda, a aula só começa às nove, vamos tomar um café?
— Você quer jantar às sete ou prefere mais *tarde*?

▸ Existe a expressão *cedo ou tarde*, usada para falar de algo inevitável, que deve acontecer em algum momento futuro (também se usa *mais cedo ou mais tarde*):

— As crianças estão crescendo depressa, *cedo ou tarde* a gente vai ter que se mudar pra uma casa maior.

- *então* (também se usa *aí então*)

— Eu nasci em 1958. O Rio, *então,* ainda era a capital do Brasil.
— Leia primeiro o livro todo, *aí então* a gente conversa sobre ele.

- *já*

= *em pouco tempo*

— A Selma ligou e disse que *já* está chegando.

= *agora, imediatamente*

— Saia *já* pro aeroporto se não quiser perder o voo!

= *alguma vez*

— Você *já* foi à Bahia?

= *não mais* (é comum ser usado junto com *mais*)

— Eu *já* não tomo tanto café quanto antes, por recomendação médica.
— Eu *já* não tomo *mais* tanto café quanto antes, por recomendação médica.
— Eu não tomo *mais* tanto café quanto antes, por recomendação médica.

→ *já já* ('em pouco tempo')

— O Ricardo ligou e disse que *já já* ele tá chegando.

→ *pra já* ('de imediato, agora mesmo')

— Você pode me ajudar a carregar essas caixas lá pra baixo?
— É *pra já*.

— Pra quando você precisa desse formulário preenchido?
— *Pra já*!

- *logo* ('em breve, em pouco tempo, já') |conclusão ☛ 13.5|

— Vou responder *logo* esse *e-mail* da Cláudia, ela tá com pressa.

---

[1] *Tarde* também é um substantivo: é a parte do dia que fica entre a manhã e a noite, começa ao meio-dia (12 horas) e vai até as 18 horas: *Hoje passei a tarde toda na casa da minha tia Olga.*

▸ Além das locuções *tão logo* e *logo que*, que funcionam como conjunções temporais |☛ 13.8.5|, existem em PB diversas expressões com *logo*:

→ *até logo (mais)* (usado em despedidas)

— Combinado então, a gente se vê amanhã. Até logo!
— Vou te encontrar às sete na porta do cinema, ok?
— Ok, *até logo mais!*

→ *logo + depois [de/que]* (= *pouco depois*) | ☛ 13.8.5|

Logo depois de tomar posse, o novo presidente deve viajar à China.

→ *logo logo* (= *dentro de muito pouco tempo; já já*)

— O Pierre aprende depressa, *logo logo* ele vai estar falando português muito bem.

→ *logo mais* (= *um pouco mais tarde*)

— Aparece *logo mais* lá em casa pra gente ver o jogo juntos.

• *sempre* - *nunca* (também se usa *jamais*, menos frequente)

— Minha família *sempre* morou no Paraná.
— *Nunca* imaginei que você ia se interessar por jardinagem.

▸ Quando *nunca* ou *jamais* estão depois do verbo, podemos usar *não* antes do verbo |dupla negação, ☛ 13.3.1|:

— Nós *não* vamos saber *nunca* o que realmente aconteceu.
— Nós *nunca* vamos saber o que realmente aconteceu.

• *atrás* ou *há ... atrás* (também se pode usar somente *há*) |☛ 3.2.2|:

Muito tempo *atrás*, toda essa região era uma grande floresta.
Há muito tempo *atrás*, toda essa região era uma grande floresta.
Há muito tempo, toda essa região era uma grande floresta.

12.6 Modo

▸ Muitos advérbios em *-mente* (*lentamente, alegremente, subitamente...* |☛ 12.1|), assim como muitas expressões com preposição (*à vontade, com paciência, de cor...* |☛ 11|) expressam o modo como acontece uma ação, um evento etc.

Alguns advérbios de modo, entre muitos outros, são:

• *bem* - *mal*

— Eu me sinto *mal* quando faz frio, prefiro o calor.
— Inglês eu leio *bem*, escrever é mais difícil.

▸ *Mal* pode significar 'apenas, dificilmente'. Nesses casos, é usado sempre antes de verbo:

— O salário que eu ganhava antes *mal dava* pra pagar o aluguel.
— Você *mal tocou* no seu prato, não gostou da comida?

- *depressa – devagar*

— Quando a professora fala *depressa,* eu tenho dificuldade de acompanhar.
— Meu médico me recomendou comer *devagar* para facilitar a digestão.

▸ É comum o uso de *devagar* no diminutivo (*devagarinho* ou *devagarzinho*):

— Eu entro no mar *devagarinho* pra me acostumar com a temperatura da água.

- *assim*

— Eu só como carne bem passada!
— Eu também só como *assim.*

- *como*

— O Mário sempre se veste *como* se fosse dia de festa.

Como é usado em perguntas:

— *Como* você se chama?

▸ A pergunta pode ser feita também com *como é que*:

— *Como é que* se diz "eu te amo" em alemão?

- *igual a*

— Eu queria saber nadar *igual ao* Mateus.

▸ Pode ser usado no diminutivo:

— A Renata sabe cozinhar *igualzinho à* mãe dela.

▸ Em contextos informais, também se usa *que nem* e *feito*, com o sentido de 'igual a':

— Esse pão tá duro *que nem* uma pedra!
— A Valentina canta *feito* um passarinho!

12.7 Intensidade

▸ Alguns advérbios em *-mente* expressam intensidade, como *absolutamente, completamente, extremamente, imensamente, totalmente* etc.:

Brasília é uma cidade *completamente* diferente das cidades tradicionais.

- ▸ Advérbios de intensidade de uso frequente em PB:
  - *apenas* (= *só, somente*)

    — Faltam *apenas* dez minutos para o início do jogo!

  - *bastante* (= *muito*)

    — Eu gosto *bastante* de comida mexicana.

  - *bem* (= *bastante, muito*) |modo, ☛ 12.7|

    — Essa cadeira que você comprou pra trabalhar parece *bem confortável.*
    — Eu gosto de acordar *bem cedo* pra ter tempo de fazer uma caminhada.
    — Achei *bem simpático* o marido do Henrique!

  - *demais* (usado sempre depois do verbo, do advérbio ou do adjetivo):

    — O Jorge *se parece demais* com o pai dele!
    — Chegamos *tarde demais*, acabaram os ingressos pro show.
    — A Regina está *magra demais*, será que está doente?

  - *mais*

    — A gente já pode sair, não está *mais* chovendo.

- ▸ *Mais* pode vir associado a *já*:

  — Eu *já* não uso *mais* esse casaco, quer ele pra você?

  - *meio* |☛ 12.3|

    — Estou melhor do que ontem, mas ainda *meio* gripado.

  - *menos*

    — Hoje o dia está *menos* frio, que bom!

  → *mais ou menos*
  A distância de São Paulo até Brasília é de *mais ou menos* mil quilômetros.

  — E aí, gostou do livro?
  — *Mais ou menos.*

  → *pelo menos/ao menos*
  — Pra terminar essa tradução no prazo, preciso traduzir *pelo menos* dez páginas por dia.

  - *nada*

    — O professor de física não me pareceu *nada* simpático.

  - *tanto*

    — Eu gosto *tanto* de Fortaleza, queria morar lá um dia!

- ▸ Diante de adjetivos e advérbios a forma é *tão*:

  — A filha da Teresa é *tão bonita*!
  — Por que você chegou *tão cedo*? Falta ainda uma hora pra começar a reunião.

- *quanto*

  — A viagem foi boa?
  — Você nem imagina *quanto*!

- *quase*

  — O trânsito por aeroporto está terrível, eu *quase* perdi o voo!

- *só* ('somente, apenas')

  — No meu bairro, *só* tem uma farmácia.
  — No meu bairro, tem *só* uma farmácia.
  — No meu bairro, tem uma farmácia *só*.

- *todo* |☛ 12.3|

  — Meu celular caiu no chão e ficou *todo* arranhado.

▸ Na fala informal, existem outros recursos, além dos advérbios, para expressar a intensidade:

- *super-*, *hiper-*, *ultra-*, *mega-* (prefixos) + adjetivo

  — Eu gosto de morar aqui porque esse bairro é *supertranquilo*.
  — Esse relógio custou *megabarato* porque estava em promoção!

- *baita* (invariável) ('grande, bonito, fora do comum') + substantivo

  — A Patrícia está morando num *baita apartamento* de frente pro mar!
  — O filho do Márcio se tornou um *baita jogador* de basquete!

12.7.1 *Muito/pouco*

▸ *Muito* e *pouco* são os advérbios de intensidade mais frequentes no PB:

— Eu queria morar nesse bairro, mas o aluguel aqui é *muito* caro.
— A Alice mora *muito* longe, leva mais de uma hora pra chegar no trabalho.
— O Geraldo se mostrou *pouco* interessado em participar do nosso grupo de pesquisa.
— A Rita come *pouco*, mas mesmo assim não consegue emagrecer.

▸ O advérbio *muito* pode intensificar *pouco*:

— Falta *muito pouco* para a Valéria se formar em Medicina.

▸ *Muito* e *pouco* podem receber a terminação de superlativo *-íssimo*:

— Ultimamente ando *muitíssimo* ocupada.
— Você comeu *pouquíssimo* no almoço!

▸ Locuções com *pouco*:

- *pouco mais de* (nesse caso, também se usa *muito*)

  — Essa loja foi inaugurada há *pouco mais de* um mês.
  — No auditório do colégio cabem *muito mais de* 100 pessoas.

- *pouco a pouco/aos poucos*

  Pouco a pouco as pessoas foram chegando para a manifestação até que se formou uma multidão na frente da Prefeitura.
  Aos poucos o acervo da biblioteca está sendo digitalizado e em breve vai ficar disponível para consultas *online*.

- *por pouco* ('quase')

  — A chuva derrubou uma árvore na minha rua, *por pouco* não caiu em cima do meu carro!

12.8 *Além*

► O advérbio *além* indica um lugar mais distante do que o mencionado antes. Não é de uso muito frequente:

— Tá vendo aquele edifício alto, vermelho? Minha casa fica um pouco mais *além*.

► *Além de, além disso, além do mais* e *além de tudo são* de uso bastante frequente em PB e expressam um acréscimo (*além disso*, ☛ 8.3):

— *Além de* Maceió, que outras cidades do Nordeste você conhece?
— Para obter o passaporte, você precisa preencher esse formulário. *Além disso*, tem que pagar uma taxa de 250 reais.

12.9 Afirmação, negação e dúvida

- **afirmação**

► Para enfatizar a afirmação, empregamos os advérbios *sim, certamente* e as locuções *sem dúvida, com certeza, na verdade*:

— Você quer ir almoçar com a gente?
— Quero, *sim*.

► Nas respostas, o advérbio *sim* é pouco usado. Em geral, se responde com o verbo que está na pergunta ou com o advérbio *já*, se estiver na pergunta:

— Você *gosta* de chocolate?
— *Gosto*.

— Você *já* esteve em Buenos Aires?
— *Já*.

— É verdade que seu pai fala russo?
— *É*.

— *Já* nasceu o bebê da Juliana?
— *Já*.

- **negação**

▸ Em PB, os advérbios de negação mais comuns são *não, nada, nem*[2], *nunca* e *jamais*:

— Você é argentino?
— *Não*, uruguaio.

— *Nem* pense em sair agora porque a chuva está pesada.
— A Gilda *não* me pareceu *nada* entusiasmada com a casa nova.
— Eu *nunca* consegui nadar direito, por isso quero fazer umas aulas.

▸ Em respostas, é comum usar a expressão *que nada* para enfatizar a negação:

— A Luísa já chegou?
— *Que nada!* Disse que ainda vai demorar meia hora.

▸ O advérbio *sequer* (= *ao menos, pelo menos*) é usado quase sempre em combinação com:

→ *não*

— Tem certeza que não quer beber nada? *Não* vai tomar *sequer* um suco?

→ *nem*

— Já terminou de ler o livro que te dei?
— *Nem sequer* comecei.

▸ Os advérbios de negação podem se combinar com outras palavras negativas (pronomes, quantificadores etc.) |dupla negação, ☛13.3.1|:

— *Não* entendo *nada* de carro! Sempre tenho que chamar um mecânico.
— *Nunca* vi *ninguém* comer tão depressa como o Jorge!
— *Não* tem problema *nenhum* você chegar atrasada, eu te espero.

▸ *Absolutamente* pode significar 'de modo nenhum', além de expressar intensidade ☛ 12.7):

— A senhora se incomoda se eu abrir a janela?
— *Absolutamente!* Fique à vontade. (*de modo nenhum*)

— Não entendi *absolutamente* nada do que a Mariana falou!

- **dúvida ou probabilidade**
  - *Talvez* + subjuntivo

— Ando com a vista cansada.
— *Talvez* você *precise* de óculos novos.

  - *Provavelmente, possivelmente* + indicativo

— A Marcela disse que *provavelmente* vai se casar no final do ano.

---

[2] Sobre *nada* usado como pronome, ☛ 10.10.1; sobre *nem* usado como conjunção, ☛ 13.5.

▸ Locuções que expressam dúvida/probabilidade:

- *Pode ser que/é possível que/é provável que* + subjuntivo

— *Pode ser que chova* esse final de semana.
— *É possível que* meus pais *se mudem* para uma casa menor, mais fácil de cuidar.
— *É provável que* o voo do Pedro *chegue* atrasado por causa do mau tempo.

- *Vai ver* (que) + indicativo (na fala informal)

— Não encontro meu celular!
— *Vai ver que* esqueceu no carro...

12.10 Advérbios conjuntivos

▸ Alguns advérbios funcionam de modo semelhante às conjunções, ou seja, estabelecem uma relação entre orações, mas podem aparecer em diferentes posições na oração (as conjunções estão sempre no início da oração):

- *então/assim/logo/portanto* ('conclusão')

— O Henrique disse que não vem, *então* a gente pode começar a reunião sem ele.
— O Henrique disse que não vem, a gente pode, *então,* começar a reunião sem ele.
— O Henrique disse que não vem, a gente pode começar a reunião sem ele, *então.*

— Encoste esse armário na parede, *assim* sobra mais espaço na sala.

Obs.: *Pois* tem sentido de conclusão quando não está no início da oração |☛ 13.5|; na escrita, vem entre vírgulas:

O funcionário machucou a perna e não pôde, pois, comparecer à reunião.

- *também* ('inclusão')

— Eu gosto de dirigir, o Milton *também* gosta, por isso a gente sempre viaja junto de carro.

- *aliás/isto é/ou seja/ou melhor/quer dizer* ('correção, retificação, explicação')

— O Gabriel vai ficar de férias até junho, *aliás,* até julho.
A campanha de vacinação vai começar pelos três estados do Sul, *isto é,* Paraná, Santa Catarina e Rio Grande do Sul.
— As aulas vão acabar no início do verão, *ou seja,* na segunda semana de dezembro.
— Pra essa receita você vai precisar de três ovos, *ou melhor,* quatro.

- *porém/contudo/todavia/entretanto/no entanto* ('oposição, restrição')

▸ Os advérbios *porém, contudo, todavia, entretanto, no entanto* pertencem à linguagem mais formal. Na fala informal, é mais frequente a conjunção *mas* |☛ 13.5|:

O governo queria aprovar o projeto na Câmara ainda este mês. Encontrou, *porém,* uma forte resistência da oposição.

CAPÍTULO 13

Orações

13.1 Ordem das palavras na oração

► Em PB, a ordem mais comum das palavras na oração é **sujeito → verbo [→ complementos]**:

André	mandou	um e-mail	para Eduardo.
SUJEITO	VERBO	OBJETO DIRETO	OBJETO INDIRETO

► É comum ocorrer a ordem **verbo → sujeito** nos seguintes casos:

- Com os verbos intransitivos (verbos que não pedem complemento):

  Chegou (VERBO) o verão (SUJEITO).

  Existem (VERBO) muitas diferenças (SUJEITO) entre o português brasileiro e o europeu.

  — Já nasceu (VERBO) o filho da Elisa (SUJEITO)?

- Em algumas orações interrogativas, principalmente quando há um verbo intransitivo:

— Como *vai a Isabel*?
— Quando *chega o resultado do exame*?
— Onde *nasceram os teus pais*?
— Para onde *foi o Antônio*?
— Em que bairro *fica a sua casa*?
— A que horas *começa o jogo*?
— Quanto *custa essa camisa*?

- Para dar ênfase ou destaque ao que está sendo dito:

— Primeiro *fala o Leandro* depois *fala você*, tá?
— *Sou eu* quem manda aqui, entendeu?
— *Pago eu* a conta ou *paga você*?

- Em respostas com o verbo *ser* (perguntas com *quem*):

— Quem provocou o acidente?
— *Foi o motorista do caminhão.*

— Quem levou a Tânia na escola?
— *Foi o Davi.*

— Quem é o gerente dessa loja?
— *Sou eu.*

13.2 Afirmação e interrogação

▸ As orações afirmativas em PB são idênticas às orações interrogativas. Na fala, a diferença está na entonação e, na escrita, no sinal de pontuação. Usamos o ponto final na afirmação e o ponto de interrogação na pergunta:

— Vamos viajar nas férias.
— Vamos viajar nas férias?

13.3 Negação

▸ Em PB, a negação de orações ocorre com a palavra *não*, que costuma vir antes do verbo:

— *Não vamos* viajar nas férias.

— Posso marcar sua consulta para amanhã?
— Desculpe, mas amanhã eu *não posso*. Pode ser na quarta?

13.3.1 Dupla negação

▸ Em PB, é comum haver duas (ou três) negações em uma oração:

— *Ninguém nunca* me disse que era proibido fumar aqui.
— *Não* conheço *nenhum* médico especialista nessa área.
— *Ninguém nunca* entende *nada* do que o Igor diz!

13.4 Perguntas do tipo *sim/não*

▸ Há dois tipos de perguntas:

- perguntas com pronomes interrogativos que pedem informações sobre pessoa, lugar, tempo, modo etc. |☛ 9|: e
- perguntas do tipo **sim/não**, que têm como resposta uma oração afirmativa ou negativa.

13.4.1 Resposta afirmativa

▸ Nas respostas afirmativas, é possível responder com *sim*, mas a resposta mais comum é a repetição do verbo da pergunta:

— A farmácia *fica* aqui perto?
— *Fica*. É logo ali. /*Sim*, fica logo ali.

— Você *pode* me ajudar a terminar esse trabalho?
— *Posso*.

— O Augusto *fala* francês?
— *Fala*.

▸ Com os tempos verbais compostos, a resposta é com o auxiliar:

— Você *tem visto* o Carlos ultimamente?
— *Tenho*.

— O Pedro *tá morando* no Rio?
— *Tá*.

— O Augusto *vai chegar* amanhã?
— *Vai*.

▸ Às vezes, se usa *sim* depois do verbo, para expressar ênfase:

— Você aceita um café?
— Aceito, *sim*. Obrigada.

— Você apaga a luz quando sair, por favor?
— Apago, *sim*, pode deixar.

▸ Quando na pergunta aparece *ainda*, *só* ou *já*, eles são usados na resposta:

— Você *só* toma café com leite?
— *Só*.

— Você *já* conhece Belém?
— *Já*.

— O Júlio *ainda* tá gripado?
— *Ainda*.

13.4.2 Resposta negativa

▸ A resposta negativa se faz com *não*, antes do verbo[1]:
— Você pegou o pacote que tava em cima da mesa?
— *Não, não* peguei.

— A Júlia *não* veio trabalhar hoje?
— *Não*, ela disse que *não* está se sentindo bem.

▸ No PB falado, é frequente o emprego duplo de *não*, para enfatizar a negação. O *não* antes do verbo é pronunciado [nũ] e o segundo, [nãʊ̃]:

— Foi o Henrique que fez o jantar de ontem?
— *Não* foi ele *não*, foi o Luís.

— Você sabe se tem algum supermercado aqui perto?
— *Não* sei *não*.

▸ Quando na pergunta tem *já*, a resposta negativa costuma ser *ainda não*:

— O Miguel já chegou?
— *Ainda não*.

13.4.3 Perguntas com *né, viu, tá, sabe, hein*

▸ É muito comum o falante dar ênfase a uma pergunta, usando palavras como *né, viu, tá, sabe, hein* etc. no final da frase.

▸ **né?** (*né* = *não é*): o falante quer que o ouvinte concorde com a ideia da pergunta:

— O Paulo é simpático, *né*?

▸ Pode ser enfatizada com *não*:

— O trânsito de São Paulo tá cada dia mais complicado, *né não*?

▸ **viu?** (perfeito simples de *ver*): o falante chama a atenção do ouvinte para a informação da pergunta:

— Eu não vou poder almoçar com você hoje não, *viu*?

---

[1] Em algumas regiões, principalmente no Nordeste, é comum usar apenas um *não* depois do verbo:
— Você conhece o irmão da Mônica?
— *Conheço não*.

- **tá?** (redução de *está*): indica uma opinião firme do falante, uma explicação que ele dá ao ouvinte ou um pedido que ele faz. Em geral, quando o ouvinte concorda, a resposta também é *tá*:

— Eu faço o almoço mas você lava os pratos, *tá*?
— *Tá*.

— A gente se encontra na entrada do cinema, *tá*?
— *Tá*.

- Pode ser enfatizada com *bom, certo* ou *legal*:

— Não se esqueça de tomar o remédio das oito horas, *tá bom*?
— Primeiro falo eu depois fala você, *tá certo*?

- **sabe?** (presente de *saber*): busca a solidariedade ou a compreensão do ouvinte em relação à ideia da pergunta:

— Esse calor tá me deixando muito cansado, *sabe?*

- No início de orações afirmativas, se usa *sabe/sabe o que é/sabe do que mais*, para dar uma opinião, geralmente contrária, ou introduzir uma crítica:

— *Sabe*, João, eu não gostei do que você me disse ontem pelo telefone.
— *Sabe do que mais*, Sandra, eu vou fazer essa viagem com você ou sem você.

- **hein?** [ẽĩ]: tem uso variado e pode ser empregado:
- como equivalente a *não é?*:

— A Marcela está cada dia mais bonita, *hein*?

- quando o ouvinte não escutou ou não compreendeu o que foi dito e equivale a *o quê?* ou *como?*:

— Eu vou te emprestar o carro, mas ele tá quase sem gasolina, então você põe.
— *Hein*?
— Você tem que pôr gasolina no carro.
— Ah, tá.

- quando o falante quer expressar espanto, ironia, surpresa, indignação, entre outras coisas:

— Ontem fiquei preso no elevador!
— Que chato, *hein*?

— A Vera e o Roberto vão se separar.
— Quem diria, *hein*? Eles sempre pareceram se dar tão bem.

13.4.4 Repetição do verbo no final da pergunta

- Para confirmar o que se pergunta, é muito comum a repetição do verbo:

— Você *vai* me ajudar, não *vai*?

— O João não *toma* cerveja, *toma*?
— Você pôs comida pro cachorro, não *pôs*?

13.5 Orações coordenadas

▸ As orações coordenadas são unidas pelas seguintes conjunções (as conjunções vêm no início da oração):

▸ **e** [i]: adição de informação:

— O voo 347 sai de Brasília às 8 horas *e* chega a São Paulo às 9 e 25.

▸ **nem** (= *não* + *e*) [nẽĩ]: adição de informação negativa quando já se tem uma oração negativa:

— Eu nunca estive em Salvador *nem* em Fortaleza.

▸ **mas**: oposição [*porém, contudo, todavia* ... ☛ 12.10]:

— Estou tentando falar com a Rosa, *mas* ela não atende o telefone.

O governo brasileiro *não* comprou os aviões franceses *mas* os suecos.

Obs.: A pronúncia mais comum é [maɪs].

▸ **ou**: uma ou mais opções/alternativas (a pronúncia mais comum é [o]):

— Você prefere tomar um vinho *ou* pedir uma cerveja?

▸ **senão**:

• alternativa ou condição negativa (= *ou; caso contrário*)

— Precisamos terminar o trabalho hoje, *senão* a professora não aceita mais. [= se não entregarmos hoje, a professora não aceita mais]

• oposição [= *mas sim*]

O time não ganhou o jogo na sorte, *senão* por capacidade e muito treino.

13.6 Orações com *que* e *se*

▸ Quando o complemento do verbo é uma oração com o verbo flexionado, usa-se a conjunção *que*[2]:

— Eu espero *que* você *goste* do livro.
— Você não sabia *que* a Dolores *é* argentina?

▸ Quando o complemento do verbo é uma oração e a oração principal expressa dúvida, incerteza etc., ou quando é uma pergunta indireta, usa-se *se*:

[2] Na classificação das gramáticas, *que* e *se* são conjunções integrantes.

— *Ainda não sei se* vou no aniversário da Cláudia.
— *Eu vou perguntar pro Léo se* ele quer trabalhar com a gente.

13.7 Orações com pronomes relativos

▸ Os pronomes relativos

- ligam duas orações;
- substituem parte da oração anterior; e
- ficam sempre no início da oração.

▸ A oração com pronome relativo, ou oração relativa, pode vir depois ou no meio de outra oração[3]:

— O médico *que me atendeu ontem* era cubano. (*que = o médico*; oração no meio)
— Gostei muito do vinho *que tomei ontem na casa da Ana.*
(*que = o vinho*; oração no final)

▸ Em PB, os pronomes relativos podem se referir a pessoas, coisas ou lugares. No caso do pronome *como*, ele se refere às palavras *modo, forma, maneira, jeito* etc.

Alguns pronomes não mudam de forma, outros variam a forma de acordo com o gênero e o número:

Não mudam a forma		Mudam a forma			
Pessoas ou coisas	**que**	Singular		Plural	
Oração inteira	**o que**	masc.	fem.	masc.	fem.
Pessoas	**quem**	**o qual**	**a qual**	**os quais**	**as quais**
Lugares	**onde**	**cujo**	**cuja**	**cujos**	**cujas**
Modo, forma etc.	**como**				

▸ Em orações com o pronome relativo, o presente e o imperfeito do subjuntivo expressam uma possibilidade, um desejo, enquanto o presente e o perfeito do indicativo expressam um fato, uma certeza |verbos, ☛ 3|.

13.7.1 *Que/o qual*

▸ *Que* é o pronome relativo mais empregado em PB, na escrita e na fala. Ele pode ser o sujeito ou o objeto da oração relativa:

---

[3] Na tradição gramatical, as orações relativas são *orações adjetivas*.

— A chuva *que* caiu ontem deixou meu bairro sem luz por duas horas!
(*que* = *a chuva* → sujeito de *caiu*)

— Você gostou do hotel *que* eu te indiquei?
(*que* = *o hotel* → objeto de *indiquei*)

Chegaram hoje os primeiros carregamentos da vacina que o governo importou da Índia.
(*que* = *a vacina* → objeto de *importou*)

▸ As formas *o/a qual, os/as quais* são empregadas em textos escritos mais formais e costumam vir depois de preposição:

O filme ganhou três prêmios, *entre* **os quais** [ganhou] o prêmio de melhor fotografia.
A nova lei de proteção ambiental, *pela* **qual** tanto lutamos, foi finalmente aprovada.

13.7.2 *O que*

▸ *O que* pode substituir toda a oração anterior:

Este ano choveu muito pouco, o que foi ruim para a produção agrícola.
— *A Cláudia prometeu não chegar mais atrasada, o que* eu acho difícil de acontecer!

▸ Após *tudo*, pode-se usar *o que/que:*

— Me mudar para um apartamento maior era *tudo o que* eu queria!
— Me mudar para um apartamento maior era *tudo que* eu queria!

▸ Após *nada*, usa-se *que* quando não há preposição e *o que* quando há uma preposição:

— Sobre computador não existe *nada que* o Paulo não saiba.
— Não entendi *nada do que* você disse, pode repetir, por favor?. (*do* = *de* + *o*)

▸ Também é comum a construção *o que...* + verbo *ser*:

— *O que* falta na vida da gente *é* um pouco mais de tranquilidade.
— *O que* eu mais gostava de fazer na infância *era* jogar futebol.

13.7.3 *Quem*

▸ O pronome relativo *quem* só se refere a pessoas (ou coisas personificadas) e é empregado depois de preposição:

A jovem cientista agradeceu o incentivo recebido da mãe, *a quem* ela dedicou o prêmio.
— A Marta é uma pessoa *com quem* sempre gostei muito de trabalhar.

13.7.4 *Onde*

▸ *Onde* é um pronome relativo que substitui uma palavra ou expressão de lugar (não há diferença entre *onde* e *aonde* |☛ 9.1|):

A casa *onde* o escritor nasceu foi transformada em museu.
— Brasília é o lugar *onde* vive a maior parte da minha família.
— Fique à vontade, você pode se sentar *aonde* quiser.

▸ Quando se trata de origem, usamos a preposição *de*:

— A professora pediu que cada aluno dissesse seu nome e o país *de onde* vem.

13.7.5 *Como*

▸ O pronome relativo *como* substitui as palavras *modo, maneira, forma, jeito* etc. É mais empregado em textos formais:

As redes sociais têm modificado *a maneira como* as pessoas se comunicam hoje em dia.

13.7.6 *Cujo*

▸ Os pronomes relativos *cujo(s), cuja(s)* são empregados geralmente em textos escritos formais. Eles indicam uma relação de posse com a palavra antecedente e concordam em gênero e número com a palavra ou expressão que acompanham na oração relativa:

A China é um país *cujos investimentos* no Brasil tendem a crescer cada vez mais.
(*cujos investimentos* = investimentos *da China*)

A igreja foi destruída por um incêndio *cujas causas* ainda são desconhecidas.
(*cujas causas* = causas *do incêndio*)

▸ Na fala espontânea, em lugar de *cujo*, os brasileiros preferem apenas o pronome *que* ou a construção com a preposição *de* + pronome pessoal:

— Esse é um filme *que* o final é muito triste.
— Esse é um filme *que* o final *dele* é muito triste.

13.7.7 Pronomes relativos e preposições

▸ Na escrita e na fala formais, quando é preciso usar uma preposição, ela vem antes do pronome relativo.

Somente as preposições *a, com, de, em, por* são usadas com *que* ou *quem*:

A crise financeira *a que* o ministro *se referiu* ainda não terminou.
(*referir-se a*)

O problema *com que* mais *nos preocupamos* hoje é a mudança climática.
(*preocupar-se com*)

O tema *de que trata* meu novo livro é a imigração japonesa no Brasil.
(*tratar de*)

As pessoas *a quem* nossos produtos *se dirigem* são principalmente as que buscam uma alimentação mais saudável.
(*dirigir-se a*)

► Todas as preposições se combinam com as formas *o/a qual, os/as quais* e com *cujo*(*s*)/*cuja*(*s*):

A crise financeira *à qual* o ministro *se referiu* ainda não terminou.
(*referir-se a*)

O problema *com o qual* mais *nos preocupamos* hoje é a mudança climática.
(*preocupar-se com*)

O tema *do qual trata* meu novo livro é a imigração japonesa no Brasil.
(*tratar de*)

As pessoas *às quais* nossos produtos *se dirigem* são principalmente as que buscam uma alimentação mais saudável.
(*dirigir-se a*)

A Amazônia é uma região *por cuja* preservação devemos *lutar.*
(lutar por) (cuja preservação = preservação da Amazônia)

► **Atenção!** A preposição *sem* só ocorre com as formas *o/a qual, os/as quais.* A combinação *sem que* funciona como uma locução conjuntiva |☛ 13.8.2|:

Agradecemos o apoio da Universidade de Brasília, *sem o qual* não teríamos conseguido realizar nosso projeto.

Quais seriam as coisas *sem as quais* você não conseguiria viver hoje em dia?

13.7.8 Eliminação da preposição na fala

► Na fala espontânea, existe uma forte tendência a eliminar a preposição diante de um pronome relativo (o emprego da preposição soa pouco natural). Assim, são muito comuns construções como as seguintes:

— Esse é o mesmo hotel ~~em~~ *que* a gente se hospedou no ano passado!
— O esporte ~~de~~ *que* mais gosto é futebol.
— Cinema é um assunto ~~por~~ *que* eu me interesso pouco.
— Me empresta aquele vestido ~~com~~ *que* você foi no casamento da Ana?

► Também é comum usar a preposição depois do verbo, seguida dos pronomes *ele/ela/eles/elas*:

— Essa é uma rua *que* eu passo sempre *por ela* quando venho trabalhar.
— A Vânia é uma pessoa *que* eu gosto muito de trabalhar *com ela*.

13.8 Orações adverbiais

▸ Nas orações adverbiais, é preciso prestar atenção na relação entre a conjunção e o modo do verbo (indicativo ou subjuntivo). As conjunções vêm no início da oração.

13.8.1 Causa

▸ As conjunções e locuções *porque, pois, como, já que, visto que, dado que, na medida em que* expressam causa. Na fala e na escrita, *porque* é mais frequente.

- *porque, pois:*

  — Eu quero aprender espanhol *porque* vou pro México no ano que vem.
  — Acho difícil ele ir pra festa com a gente, *pois* ele nunca sai de noite.

▸ Quando *porque* vem depois de *não*, empregamos os tempos do modo subjuntivo:

— Eu gosto muito da Sílvia. *Não porque* ela *seja* minha prima, mas porque é uma pessoa realmente muito boa.

- *como* (introduz a oração antes da oração principal):

  — *Como* eu já sabia falar bem inglês, decidi fazer meu doutorado no Canadá.

- *já que:*

  — *Já que* você vai passar no mercado, compra uma dúzia de ovos pra mim?

- *visto que/dado que/uma vez que/na medida em que* (uso mais formal):

  Foi preciso cortar algumas árvores da praça, *visto que* elas ameaçavam cair sobre as casas em volta.
  É indispensável preservar o nosso rio, *na medida em que* ele é o principal fornecedor de água para a cidade.

13.8.2 Condição

▸ As conjunções e locuções que expressam condição vêm seguidas de tempos do *modo subjuntivo:*

- *se/caso/se acaso* |hipóteses, ☛ 13.9.1|:

  Se a irritação nos olhos *continuar*, é melhor procurar um médico.
  Caso a irritação nos olhos *continue*, é melhor procurar um médico.
  Se acaso a irritação nos olhos *continuar*, é melhor procurar um médico.

- *desde que:*

  — Eu disse que compraria o carro, *desde que fosse* por um preço justo.

- *contanto que:*

  — Eu posso te emprestar meu carro, *contanto que* você me *devolva* amanhã cedo.

- *a menos que/a não ser que:*

  — A gente pode comer uma pizza hoje, *a menos que* você *prefira* outra coisa.
  — Acho que não vou conseguir chegar a tempo no dentista, *a não ser que* eu *vá* de táxi.

- *sem que:*

  — Você vai conseguir terminar o trabalho até amanhã cedo?
  — Não *sem que* você me *ajude*.

13.8.3 Concessão

► As conjunções e locuções que expressam a ideia de concessão vêm seguidas de tempos do modo subjuntivo, com exceção de *apesar de* e *apesar de que*:

- *embora/muito embora:*

  — *Embora* eu *evite* tomar café à noite, hoje vou fazer uma exceção.
  — Eu não me sinto bem no calor, *muito embora tenha passado* a infância em Fortaleza.

- *mesmo que:*

  — *Mesmo que* eu *me atrase* um pouco, não comecem o almoço sem mim.

- *ainda que:*

  — *Ainda que faltem* alguns dias para a viagem, quero deixar a bagagem pronta desde já.

- *nem que:*

  — Prefiro alugar um apartamento maior, *nem que tenha* de pagar um pouco mais caro.

- *se bem que:*

  — Se bem que eu não goste de futebol, costumo acompanhar os jogos da Copa do Mundo.

- *por mais que:*

  — *Por mais que* eu *explique* ao Ricardo como usar essa máquina, ele continua errando!

- *apesar de que* → verbo no indicativo:

  — Esse filme ganhou um Oscar, *apesar de que* não *merecia*.

- *apesar de* → verbo no infinitivo pessoal:

— *Apesar de morarmos* perto, sempre vamos de carro pro trabalho.
— *Apesar de morar* perto, a Sílvia sempre vai de carro pro trabalho.

13.8.4 Finalidade

► Expressa-se a finalidade por meio de:

- *para, a fim de* (mais formal) → verbo no infinitivo pessoal:

— A Célia precisou sair mais cedo do trabalho *para levar* o filho no dentista.
— *Para* vocês *chegarem* mais depressa ao aeroporto, é melhor não *irem* pela praia.
A fim de nos *comunicarmos* melhor com nossos clientes, criamos um aplicativo muito fácil de usar.
A fim de realizar estes exames, a pessoa deve estar em jejum por doze horas.

- *para que, a fim de que* (mais formal) → verbo no subjuntivo:

— Fale no microfone, por favor, *para que* todo mundo *possa* ouvir.
Escreva seu nome e *e-mail* na lista de presença, *a fim de que* ninguém *deixe* de receber o certificado de participação.

13.8.5 Tempo

► As conjunções *quando, enquanto* e as locuções *antes que, depois que, assim que, logo que, desde que, ao mesmo tempo (em) que* etc. expressam tempo. São empregadas com o modo indicativo ou subjuntivo, a depender do contexto:

- *quando*:

— *Quando* meu irmão Marcelo nasceu, eu já tinha sete anos.
— A Patrícia disse que ia mandar uma mensagem *quando* estivesse saindo do trabalho.

- *enquanto*:

• *enquanto* + indicativo: uma ação (ou estado) ocorre ao mesmo tempo que outra:

— Eu evito tomar líquidos *enquanto como*.
— *Enquanto* não *chega* a hora de entrar no teatro, a gente podia tomar um café.

• *enquanto* + futuro do subjuntivo: duas ações (ou estados) ocorrem até um certo momento do futuro:

— A Lúcia vai cuidar do meu cachorro *enquanto* eu *estiver* viajando.

OBS.: Também é possível usar *enquanto* + futuro do subjuntivo para expressar a condição para que uma das ações se realize:

Não fale ao celular *enquanto estiver* dirigindo. (= *se estiver dirigindo*)

- *antes de/depois de* → verbo no infinitivo pessoal:

  — Temos de ler o contrato com atenção *antes de assinar.*
  — Eu só saio pra trabalhar *depois de tomar* banho.
  — *Antes de nos mudarmos* para o Rio, moramos muitos anos em Belo Horizonte.
  — *Depois de* se *acostumarem*, vocês nunca mais vão querer usar outra marca de telefone!

- *antes que/depois que*:

  → *antes que* se emprega sempre seguido do subjuntivo:

  — Melhor a gente sair *antes que comece* a chover.
  — Eu queria já estar pronta *antes que* você *chegasse*, mas não consegui!

  → *depois que* pode ser seguido do indicativo, quando se refere a um fato já ocorrido, ou do subjuntivo, quando se refere a um fato ainda por ocorrer:

  — A saúde do meu irmão melhorou muito *depois que* ele *foi* morar no litoral. (fato já ocorrido, verbo no indicativo)

  — Eu só vou começar a fazer o almoço *depois que* vocês *chegarem*. (fato ainda por ocorrer, verbo no subjuntivo)

- *desde que*:

  — Eu moro em Brasília *desde que nasci.*
  — *Desde que eu conheço* a Selma, ela diz que vai parar de fumar.

OBS.: Com sentido temporal, *desde que* exige o verbo no modo indicativo. Já com sentido condicional, o verbo fica no subjuntivo |☛ 13.8.2|.

13.8.6 Proporção

▸ Para expressar proporção, a conjunção mais usada é *conforme*. Também se usa *à medida que*. Outra possibilidade é *à proporção que*, mais formal:

— *Conforme* os filhos vão crescendo, crescem também as despesas!
À medida que este bairro vai entrando na moda, os aluguéis vão ficando mais caros.
À proporção que a cidade cresce, as pessoas levam mais tempo para ir de um lugar a outro.

13.9 Orações correlatas

▸ Elas podem expressar as seguintes noções: hipótese, proporção, comparação, consequência, alternância e adição.

13.9.1 Hipóteses

▸ Na formulação de hipóteses, ocorrem os tempos do subjuntivo na combinação: *se/caso/se acaso/se por acaso* ... (*então*) |tempos do subjuntivo, ☛ 3.4|.

▸ Com relação aos tempos do subjuntivo, *se, caso, se por acaso* (*se acaso*) se distribuem do seguinte modo (*caso* e *se acaso* costumam aparecer em contextos mais formais):

SUBJUNTIVO	**caso você** *fale* (presente) **caso você** *tenha falado* (perfeito) **se/caso/se por acaso você** *falasse* (imperfeito) **se/caso/se por acaso você** *tivesse falado* (mais-que-perfeito) **se/se por acaso você** *falar* (futuro simples) **se/se por acaso você** *tiver falado* (futuro composto)

— *Caso* vocês *precisem* de mais informações, podem me telefonar.
— *Se* vocês *precisarem* de mais informações, podem me telefonar.
— *Se acaso* vocês *precisarem* de mais informações, podem me telefonar.
— *Se por acaso* vocês *precisarem* de mais informações, podem me telefonar.

Caso tenha perdido o passaporte, então procure o consulado do seu país.
Se tiver perdido o passaporte, então procure o consulado do seu país.

Se /caso/se acaso não *existisse* o risco de desabamento, não teríamos interditado a ponte.

▸ É importante observar a sequência temporal, ou seja, o tempo verbal da oração principal e o tempo verbal da oração com *se/caso/se por acaso* (*se acaso*).

(A) Hipótese real ou potencial

▸ A hipótese real expressa uma ação, fato etc. que tem possibilidade de ocorrer.

▸ Sequência temporal:

pagar (futuro do subjuntivo)	(1) **tem** (presente simples do indicativo)
	(2) **vai ter** (futuro com *ir*) **terá** (*futuro* simples)

(1) Se *pagar* essa conta antes do vencimento, você *tem* 10% de desconto.
(2a) Se *pagar* essa conta antes do vencimento, você *vai ter* 10% de desconto.
(2b) Se *pagar* essa conta antes do vencimento, você *terá* 10% de desconto.

(B) Hipótese irreal

▸ A hipótese irreal expressa uma ação, fato etc. que não tem possibilidade de ocorrer; são situações contrárias à realidade.

▸ Sequência temporal

tivesse (imperfeito do subjuntivo)	(1) **comprava** ou **ia comprar** (imperfeito do indicativo)
	(2) **compraria** (condicional simples)

(1a) Se eu *tivesse* mais dinheiro, *comprava* um carro mais novo.
(1b) Se eu *tivesse* mais dinheiro, *ia comprar* um carro mais novo.
(2) Se eu *tivesse* mais dinheiro, *compraria* um carro mais novo.

(C) Hipótese irreal no passado

▸ A hipótese irreal no passado expressa uma ação, fato etc. que poderia ter acontecido, mas não aconteceu.

▸ Sequência temporal

tivesse chovido (mais-que-perfeito do subjuntivo)	(1) **tínhamos chegado** (mais-que-perfeito do indicativo)
	(2) **teríamos chegado** (condicional composto)
	(3) **íamos ter chegado** (imperfeito de *ir* + *ter* + particípio)

(1) Se não *tivesse chovido* tanto, nós *tínhamos chegado* na hora marcada.
(2) Se não *tivesse chovido* tanto, nós *teríamos chegado* na hora marcada.
(3) Se não *tivesse chovido* tanto, nós *íamos ter chegado* na hora marcada.

13.9.2 Proporção

▸ Na expressão de proporção, se emprega *quanto mais ... mais*:

— *Quanto mais* subíamos a montanha, *mais* difícil ficava respirar.

13.9.3 Comparação

▸ A comparação pode ser de:

- **igualdade**: *tanto ... quanto/como*
  tão + adjetivo ou advérbio ... *quanto/como*:

Você pode comprar a passagem *tanto* no voo da manhã *quanto* no voo da tarde porque o preço é o mesmo.
Naquela época as escolas não eram *tão* caras *como* (são) hoje.

- **superioridade**: *mais* ... (*do*) *que*:

  — A viagem de ônibus foi *mais* demorada *que* o previsto.
  — Essa roupa custa *mais* caro *do que* eu imaginava!

- **inferioridade**: *menos* ... (*do*) *que:*

  — Eu tenho ido *menos* ao cinema *do que* gostaria.

13.9.4 Consequência

► A relação de consequência se expressa por meio de
tanto ... *que*
tão + adjetivo ou advérbio ... *que*:

— Cheguei *tão* cansado da viagem *que* dormi doze horas seguidas!
— Tinha *tanta* gente no auditório *que* eu tive de assistir o show sentada na escada.

- *Tamanho*(*s*)/ *tamanha*(*s*) ... *que* é uma construção mais formal:

  O sucesso da peça foi *tamanho que* a temporada continuou por mais dois meses.

13.9.5 Alternância

► Para expressar alternativas ou opções diferentes, se emprega normalmente *nem* ... *nem*, *ou* ... *ou*. As locuções *quer* ... *quer*, *já* ... *já*, *seja* ... *seja*, *ora* ... *ora* são mais formais:

— Você precisa se decidir: *ou* trabalha de dia e estuda à noite, *ou* trabalha à noite e estuda de dia.
— Fiquei esperando o Paulo na porta do restaurante, mas ele *nem* apareceu *nem* telefonou pra dizer que não ia.
As notícias sobre a inflação são confusas: *ora* dizem que os preços estão subindo, *ora* dizem que estão baixando.

13.9.6 Adição

► Nas orações correlatas aditivas, se emprega *não só* ... *mas* (*também*)/ *como* (*também*):

Os professores em greve *não só* exigem melhores salários, *mas também* (exigem) melhores condições de trabalho.

13.10 Orações na voz passiva

▸ Em PB, a estrutura de voz passiva é *ser* + particípio:

Cervantes escreveu *Dom Quixote.* → *Dom Quixote* foi escrito por Cervantes.
(VOZ ATIVA) (VOZ PASSIVA)

▸ O tempo verbal é determinado pelo verbo *ser*, e a pessoa que realizou a ação é introduzida pela preposição *por*:

— Nosso país já *foi presidido por* uma mulher. (perfeito)
— O estádio *será inaugurado pelo* prefeito. (futuro)
— Márcia disse que as bebidas *seriam compradas por* você. (condicional)

▸ Com as orações na voz passiva, a ênfase está na ação, no fato etc.; dizemos o que aconteceu, mas podemos não dizer quem fez, ou seja, quem foi o autor da ação, do fato etc.:

A lei *foi aprovada* ontem.
A casa *foi vendida* no mês passado.

▸ Em PB, só podem estar na construção passiva os verbos que pedem objeto direto (sem preposição):

Eu tinha comprado o carro. → O carro *tinha sido comprado* por mim.
(*O CARRO* - OBJETO DIRETO)

13.11 Discurso indireto

▸ Chamamos de discurso indireto o modo de reproduzir o discurso de outra pessoa.

▸ Em PB, costuma-se usar o verbo *dizer* + *que*. É preciso observar a relação temporal dos verbos:

DISCURSO DIRETO	DISCURSO INDIRETO
— Eu **gosto** de jogar futebol — disse Eduardo.	Eduardo **disse** que **gosta** de jogar futebol.
— Eu me **encontro** com você no cinema às 8 horas — disse Eduardo.	Eduardo **disse** que se **encontrava** com Mônica no cinema às 8 horas. Eduardo **disse** que se **encontraria** com Mônica no cinema às 8 horas.
— Eu **estou indo** pra casa — disse Eduardo.	Eduardo **disse** que **estava indo** pra casa.
— Eu **vou me encontrar** com você no cinema às 8 horas — disse Eduardo.	Eduardo **disse** que **ia se encontrar** com Mônica no cinema às 8 horas.

— Eu me **encontrei** com a Mônica no cinema às 8 horas — disse Eduardo.	Eduardo **disse** que **tinha se encontrado** com a Mônica no cinema às 8 horas. Eduardo **disse** que **se encontrou** com a Mônica no cinema às 8 horas.

Quando é uma pergunta, a relação temporal é a mesma, mas se usa a conjunção *se*, em lugar de *que*:

— Mônica, você vai no cinema às 8 horas? — perguntou Eduardo.	Eduardo **perguntou** a Mônica *se* ela **ia** no cinema às 8 horas.

13.12 Orações com sujeito indeterminado

▸ Quando não queremos expressar quem é o sujeito (sujeito indeterminado), existem várias construções possíveis:

- Verbo na **3ª pessoa do plural**, sem a presença de um sujeito ou de uma expressão anterior que possa ser sujeito:

  — *Demoliram* a velha igreja do bairro, que pena!
  — Estão construindo um shopping no meu bairro.

- Verbo na **3ª pessoa do singular**, sem sujeito (com ou sem o pronome *se*):

  — *Pode* estacionar aqui?
  — Onde é que *guarda* essas compras?
  — Será que nessa papelaria *se faz* fotocópia?
  — Aqui *se vende* livros em espanhol?

Obs.: Com o pronome *se*, na escrita formal, as gramáticas recomendam que o verbo deve concordar com o substantivo porque interpretam essa construção como voz passiva (*Aqui se vendem livros = Aqui são vendidos livros*), mas essa regra não costuma ser seguida na fala espontânea.

- **Eles**, sem expressão anterior que possa ser retomada pelo pronome:

  — No Norte e no Nordeste, *eles* têm uma grande variedade de frutas.

- **Você**, tanto para se referir às pessoas em geral quanto a situações e condições habituais, genéricas — é a forma mais usada atualmente no PB:

  — Hoje *você* não vê mais crianças brincando na calçada como antigamente.
  — Em Brasília, *você* não tem chuva durante mais de seis meses seguidos.
  — Em São Paulo, *você* produz mais laranja do que em qualquer outro lugar do mundo.

- Verbo no **infinitivo** (com ou sem o pronome *se*):

  — Aquele nosso colega polonês tem um nome difícil de [se] *pronunciar*!
  — É obrigatório saber inglês para [se] *conseguir* esse emprego!

- Expressões como *é importante, é possível, é necessário* etc. + infinitivo:

  É importante dar atenção às pessoas mais velhas.

▸ No caso de *chover, nevar, ventar, fazer frio, fazer sol* etc., não se trata de verbos com sujeito indeterminado, mas de verbos que não têm sujeito:

— Ontem *choveu* muito aqui em Fortaleza. Tomara que amanhã faça sol.
— Como *está ventando* hoje!
— Hoje está *fazendo* muito *frio* em Berlim.

13.13 *É QUE/FOI QUE*

▸ Na fala espontânea, costuma-se inserir *é que/foi que* depois do pronome interrogativo, para dar ênfase à pergunta direta ou indireta. A expressão *foi que* só se emprega em perguntas no passado, e a expressão *é que* se usa tanto para o presente quanto para o passado:

— O que *é que* você tá esperando?
— Do que *é que* vocês tão falando? (*tão = estão*)
— Quanto *é que* custa a passagem Brasília-Recife?
— Por que *é que* o André está tão irritado?
— Quando *foi que* isso aconteceu?/Quando *é que* isso aconteceu?
— Quem *foi que* quebrou o vaso?/Quem *é que* quebrou o vaso?
— Ele está perguntando quem *é que* quebrou o vaso.
— Meu primo quer saber quando *foi que* isso aconteceu.

▸ Na fala mais informal, é comum que se omita o verbo (*é/foi*):

— *Que que* você acha da gente ir ao cinema hoje à noite?
— *Onde que* fica melhor pendurar esse quadro?
— *Como que* faz pra deixar a feijoada menos salgada?

▸ As expressões *é que/foi que* também são empregadas para realçar ou especificar um elemento da oração:

(a) A Mônica viajou pra Paris, não pra Londres.
(a') *Foi* pra Paris *que* a Mônica viajou, não pra Londres.
(a'') Não *foi* pra Londres *que* a Mônica viajou, mas pra Paris.

(b) — Eu não disse isso!
(b') — Não *fui* eu *que* disse isso!
(b'')— Não *foi isso que* eu disse!

(c) O laboratório fica no segundo andar.
(c') *É* no segundo andar *que* fica o laboratório.

ANEXO I
Conjugação de verbos

▸ **Tabela de conjugação de verbos regulares**

	FALAR	COMER	PARTIR
	INDICATIVO		
	Presente		
eu	fal.O	com.O	part.O
tu	fal.AS	com.ES	part.ES
você/ele/ela/a gente	fal.A	com.E	part.E
nós	fal.AMOS	com.EMOS	part.IMOS
vocês/eles/elas	fal.AM	com.EM	part.EM
	Perfeito		
eu	fal.EI	com.I	part.I

tu	fal.ASTE	com.ESTE	part.ISTE
você/ele/ela/a gente	fal.OU	com.EU	part.IU
nós	fal.AMOS	com.EMOS	part.IMOS
vocês/eles/elas	fal.ARAM	com.ERAM	part.IRAM
	Imperfeito		
eu	fal.AVA	com.IA	part.IA
tu	fal.AVAS	com.IAS	part.IAS
você/ele/ela/a gente	fal.AVA	com.IA	part.IA
nós	fal.ÁVAMOS	com.ÍAMOS	part.ÍAMOS
vocês/eles/elas	fal.AVAM	com.IAM	part.IAM
	Mais-que-perfeito simples		
eu	fal.ARA	com.ERA	part.IRA
tu	fal.ARAS	com.ERAS	part.IRAS
você/ele/ela/a gente	fal.ARA	com.ERA	part.IRA
nós	fal.ÁRAMOS	com.ÊRAMOS	part.ÍRAMOS
vocês/eles/elas	fal.ARAM	com.ERAM	part.IRAM
	Futuro simples		
eu	fal.AREI	com.EREI	part.IREI
tu	fal.ARÁS	com.ERÁS	part.IRÁS
você/ele/ela/a gente	fal.ARÁ	com.ERÁ	part.IRÁ
nós	fal.AREMOS	com.EREMOS	part.IREMOS
vocês/eles/elas	fal.ARÃO	com.ERÃO	part.IRÃO
	Condicional		
eu	fal.ARIA	com.ERIA	part.IRIA
tu	fal.ARIAS	com.ERIAS	part.IRIAS
você/ele/ela/a gente	fal.ARIA	com.ERIA	part.IRIA
nós	fal.ARÍAMOS	com.ERÍAMOS	part.IRÍAMOS
vocês/eles/elas	fal.ARIAM	com.ERIAM	part.IRIAM

	SUBJUNTIVO		
	Presente		
eu	fal.E	com.A	part.A
tu	fal.ES	com.AS	part.AS
você/ele/ela/a gente	fal.E	com.A	part.A
nós	fal.EMOS	com.AMOS	part.AMOS
vocês/eles/elas	fal.EM	com.AM	part.AM
	Imperfeito		
eu	fal.ASSE	com.ESSE	part.ISSE
tu	fal.ASSES	com.ESSES	part.ISSES
você/ele/ela/a gente	fal.ASSE	com.ESSE	part.ISSE
nós	fal.ÁSSEMOS	com.ÊSSEMOS	part.ÍSSEMOS
vocês/eles/elas	fal.ASSEM	com.ESSEM	part.ISSEM
	Futuro		
eu	fal.AR	com.ER	part.IR
tu	fal.ARES	com.ERES	part.IRES
você/ele/ela/a gente	fal.AR	com.ER	part.IR
nós	fal.ARMOS	com.ERMOS	part.IRMOS
vocês/eles/elas	fal.AREM	com.EREM	part.IREM
	IMPERATIVO		
tu	fal.A	com.E	part.E
você	fal.E	com.A	part.A
nós	fal.EMOS	com.AMOS	part.AMOS
vocês	fal.EM	com.AM	part.AM
	Infinitivo pessoal		
eu	fal.AR	com.ER	part.IR
tu	fal.ARES	com.ERES	part.IRES
você/ele/ela/a gente	fal.AR	com.ER	part.IR

nós	fal.ARMOS	com.ERMOS	part.IRMOS
vocês/eles/elas	fal.AREM	com.EREM	part.IREM
	Gerúndio		
	fal.ANDO	com.ENDO	part.INDO
	Particípio passado		
	fal.ADO	com.IDO	part.IDO

▸ Conjugação de alguns verbos irregulares

VERBOS EM *-AR* (1ª CONJUGAÇÃO)

DAR

Indicativo

Presente: dou, dás, dá, damos, dão

Perfeito: dei, deste, deu, demos, deram

Imperfeito: dava, davas, dava, dávamos, davam

Mais-que-perfeito simples: dera, deras, dera, déramos, deram

Futuro simples: darei, darás, dará, daremos, darão

Condicional: daria, darias, daria, daríamos, dariam

Subjuntivo

Presente: dê, dês, dê, demos, deem

Imperfeito: desse, desses, desse, déssemos, dessem

Futuro: der, deres, der, dermos, derem

Imperativo: dá/dê, demos, deem

Infinitivo pessoal: dar, dares, dar, darmos, darem

Gerúndio: dando

Particípio: dado

ESTAR

Indicativo

Presente: estou, estás, está, estamos, estão

Perfeito: estive, estiveste, esteve, estivemos, estiveram

Imperfeito: estava, estavas, estava, estávamos, estavam

Mais-que-perfeito simples: estivera, estiveras, estivera, estivéramos, estiveram

Futuro simples: estarei, estarás, estará, estaremos, estarão
Condicional: estaria, estarias, estaria, estaríamos, estariam

Subjuntivo
Presente: esteja, estejas, esteja, estejamos, estejam
Imperfeito: estivesse, estivesses, estivesse, estivéssemos, estivessem
Futuro: estiver, estiveres, estiver, estivermos, estiverem

Imperativo: está/esteja, estejamos, estejam
Infinitivo pessoal: estar, estares, estar, estarmos, estarem
Gerúndio: estando
Particípio: estado

ODIAR

Presente: odeio, odeias, odeia, odiamos, odeiam
Perfeito: odiei, odiaste, odiou, odiamos, odiaram
Imperfeito: odiava, odiavas, odiava, odiávamos, odiavam
Mais-que-perfeito simples: odiara, odiaras, odiara, odiáramos, odiaram
Futuro simples: odiarei, odiarás, odiará, odiaremos, odiarão
Condicional: odiaria, odiarias, odiaria, odiaríamos, odiariam

Subjuntivo
Presente: odeie, odeies, odeie, odiemos, odeiem
Imperfeito: odiasse, odiasses, odiasse, odiássemos, odiassem
Futuro: odiar, odiares, odiar, odiamos, odiarem

Imperativo: odeia/odeie, odiemos, odeiem
Infinitivo pessoal: odiar, odiares, odiar, odiarmos, odiarem
Gerúndio: odiando
Particípio: odiado

VERBOS EM *-ER* (2ª CONJUGAÇÃO)

DIZER

Indicativo
Presente: digo, dizes, diz, dizemos, dizem
Perfeito: disse, disseste, disse, dissemos, disseram
Imperfeito: dizia, dizias, dizia, dizíamos, diziam
Mais-que-perfeito simples: dissera, disseras, dissera, disséramos, disseram

Futuro simples: direi, dirás, dirá, diremos, dirão
Condicional: diria, dirias, diria, diríamos, diriam

Subjuntivo
Presente: diga, digas, diga, digamos, digam
Imperfeito: dissesse, dissesses, dissesse, disséssemos, dissessem
Futuro: disser, disseres, disser, dissermos, disserem

Imperativo: diz/diga, digamos, digam
Infinitivo pessoal: dizer, dizeres, dizer, dizermos, dizerem
Gerúndio: dizendo
Particípio: dito

FAZER

Indicativo
Presente: faço, fazes, faz, fazemos, fazem
Perfeito: fiz, fizeste, fez, fizemos, fizeram
Imperfeito: fazia, fazias, fazia, fazíamos, faziam
Mais-que-perfeito simples: fizera, fizeras, fizera, fizéramos, fizeram
Futuro simples: farei, farás, fará, faremos, farão
Condicional: faria, farias, faria, faríamos, fariam

Subjuntivo
Presente: faça, faças, faça, façamos, façam
Imperfeito: fizesse, fizesses, fizesse, fizéssemos, fizessem
Futuro: fizer, fizeres, fizer, fizermos, fizerem

Imperativo: faz/faça, façamos, façam
Infinitivo pessoal: fazer, fazeres, fazer, fazermos, fazerem
Gerúndio: fazendo
Particípio: feito

HAVER*

(*) Muitas das formas do verbo *haver* não são mais empregadas no PB atual ou são de uso raro. No item 3.2, estão descritos os usos atuais.

Indicativo
Presente: hei, hás, há, havemos, hão
Perfeito: houve, houveste, houve, houvemos, houveram
Imperfeito: havia, havias, havia, havíamos, haviam

Mais-que-perfeito simples: houvera, houveras, houvera, houvéramos, houveram
Futuro simples: haverei, haverás, haverá, haveremos, haverão
Condicional: haveria, haverias, haveria, haveríamos, haveriam

Subjuntivo
Presente: haja, hajas, haja, hajamos, hajam
Imperfeito: houvesse, houvesses, houvesse, houvéssemos, houvessem
Futuro: houver, houveres, houver, houvermos, houverem

Imperativo: haja
Infinitivo pessoal: haver, haveres, haver, havermos, haverem
Gerúndio: havendo
Particípio: havido

LER

Indicativo
Presente: leio, lês, lê, lemos, leem
Perfeito: li, leste, leu, lemos, leram
Imperfeito: lia, lias, lia, líamos, liam
Mais-que-perfeito simples: lera, leras, lera, lêramos, leram
Futuro simples: lerei, lerás, lerá, leremos, lerão
Condicional: leria, lerias, leria, leríamos, leriam

Subjuntivo
Presente: leia, leias, leia, leiamos, leiam
Imperfeito: lesse, lesses, lesse, lêssemos, lessem
Futuro: ler, leres, ler, lermos, lerem

Imperativo: lê/leia, leiamos, leiam
Infinitivo pessoal: ler, leres, ler, lermos, lerem
Gerúndio: lendo
Particípio: lido

PERDER

Indicativo
Presente: perco, perdes, perde, perdemos, perdem
Perfeito: perdi, perdeste, perdeu, perdemos, perderam
Imperfeito: perdia, perdias, perdia, perdíamos, perdiam
Mais-que-perfeito simples: perdera, perderas, perdera, perdêramos, perderam

Futuro simples: perderei, perderás, perderá, perderemos, perderão
Condicional: perderia, perderias, perderia, perderíamos, perderiam

Subjuntivo
Presente: perca, percas, perca, percamos, percam
Imperfeito: perdesse, perdesses, perdesse, perdêssemos, perdessem
Futuro: perder, perderes, perder, perdermos, perderem

Imperativo: perde/perca, percamos, percam
Infinitivo pessoal: perder, perderes, perder, perdermos, perderem
Gerúndio: perdendo
Particípio: perdido

PODER

Indicativo
Presente: posso, podes, pode, podemos, podem
Perfeito: pude, pudeste, pôde, pudemos, puderam
Imperfeito: podia, podias, podia, podíamos, podiam
Mais-que-perfeito simples: pudera, puderas, pudera, pudéramos, puderam
Futuro simples: poderei, poderás, poderá, poderemos, poderão
Condicional: poderia, poderias, poderia, poderíamos, poderiam

Subjuntivo
Presente: possa, possas, possa, possamos, possam
Imperfeito: pudesse, pudesses, pudesse, pudéssemos, pudessem
Futuro: puder, puderes, puder, pudermos, puderam

Infinitivo pessoal: poder, poderes, poder, podermos, poderem
Gerúndio: podendo
Particípio: podido

QUERER

Indicativo
Presente: quero, queres, quer, queremos, querem
Perfeito: quis, quiseste, quis, quisemos, quiseram
Imperfeito: queria, querias, queria, queríamos, queriam
Mais-que-perfeito simples: quisera, quiseras, quisera, quiséramos, quiseram
Futuro simples: [não se emprega]
Condicional: [não se emprega]

Subjuntivo
Presente: queira, queiras, queira, queiramos, queiram
Imperfeito: quisesse, quisesses, quisesse, quiséssemos, quisessem
Futuro: quiser, quiseres, quiser, quisermos, quiserem

Imperativo: quer/queira, queiramos, queiram
Infinitivo pessoal: querer, quereres, querer, querermos, quererem
Gerúndio: querendo
Particípio: querido

SABER

Indicativo
Presente: sei, sabes, sabe, sabemos, sabem
Perfeito: soube, soubeste, soube, soubemos, souberam
Imperfeito: sabia, sabias, sabia, sabíamos, sabiam
Mais-que-perfeito simples: soubera, souberas, soubera, soubéramos, souberam
Futuro simples: saberei, saberás, saberá, saberemos, saberão
Condicional: saberia, saberias, saberia, saberíamos, saberiam

Subjuntivo
Presente: saiba, saibas, saiba, saibamos, saibam
Imperfeito: soubesse, soubesses, soubesse, soubéssemos, soubessem
Futuro: souber, souberes, souber, soubermos, souberem

Imperativo: sabe/saiba, saibamos, saibam
Infinitivo pessoal: saber, saberes, saber, sabermos, saberem
Gerúndio: sabendo
Particípio: sabido

SER

Indicativo
Presente: sou, és, é, somos, são
Perfeito: fui, foste, foi, fomos, foram
Imperfeito: era, eras, era, éramos, eram
Mais-que-perfeito simples: fora, foras, fora, fôramos, foram
Futuro simples: serei, serás, será, seremos, serão
Condicional: seria, serias, seria, seríamos, seriam

Subjuntivo
Presente: seja, sejas, seja, sejamos, sejam
Imperfeito: fosse, fosses, fosse, fôssemos, fossem
Futuro: for, fores, for, formos, forem

Imperativo: sê*/seja, sejamos, sejam
Infinitivo pessoal: ser, seres, ser, sermos, serem
Gerúndio: sendo
Particípio: sido
(*) Não se usa a forma *sê* no PB atual.

TER → também conter, deter, entreter, reter etc.

Indicativo
Presente: tenho, tens, tem, temos, têm
Perfeito: tive, tiveste, teve, tivemos, tiveram
Imperfeito: tinha, tinhas, tinha, tínhamos, tinham
Mais-que-perfeito simples: tivera, tiveras, tivera, tivéramos, tiveram
Futuro simples: terei, terás, terá, teremos, terão
Condicional: teria, terias, teria, teríamos, teriam

Subjuntivo
Presente: tenha, tenhas, tenha, tenhamos, tenham
Imperfeito: tivesse, tivesses, tivesse, tivéssemos, tivessem
Futuro: tiver, tiveres, tiver, tivermos, tiverem

Imperativo: tem/tenha, tenhamos, tenham
Infinitivo pessoal: ter, teres, ter, termos, terem
Gerúndio: tendo
Particípio: tido

TRAZER

Indicativo
Presente: trago, trazes, traz, trazemos, trazem
*Perfeito**: trouxe, trouxeste, trouxe, trouxemos, trouxeram
Imperfeito: trazia, trazias, trazia, trazíamos, traziam
*Mais-que-perfeito simples**: trouxera, trouxeras, trouxera, trouxéramos, trouxeram
Futuro simples: trarei, trarás, trará, traremos, trarão
Condicional: traria, trarias, traria, traríamos, trariam

Subjuntivo
Presente: traga, tragas, traga, tragamos, tragam
*Imperfeito**: trouxesse, trouxesses, trouxesse, trouxéssemos, trouxessem
*Futuro**: trouxer, trouxeres, trouxer, trouxermos, trouxerem

Imperativo: traz/traga, tragamos, tragam
Infinitivo pessoal: trazer, trazeres, trazer, trazermos, trazerem
Gerúndio: trazendo
Particípio: trazido
(*) O x se pronuncia [s].

VER → também antever, rever, prever

Indicativo
Presente: vejo, vês, vê, vemos, veem
Perfeito: vi, viste, viu, vimos, viram
Imperfeito: via, vias, via, víamos, viam
Mais-que-perfeito simples: vira, viras, vira, víramos, viram
Futuro simples: verei, verás, verá, veremos, verão
Condicional: veria, verias, veria, veríamos, veriam

Subjuntivo
Presente: veja, vejas, veja, vejamos, vejam
Imperfeito: visse, visses, visse, víssemos, vissem
Futuro: vir, vires, vir, virmos, virem

Imperativo: vê/veja, vejamos, vejam
Infinitivo pessoal: ver, veres, ver, vermos, verem
Gerúndio: vendo
Particípio: visto

VERBO PÔR

PÔR → também compor, impor, supor etc.

Indicativo
Presente: ponho, pões, põe, pomos, põem
Perfeito: pus, puseste, pôs, pusemos, puseram
Imperfeito: punha, punhas, punha, púnhamos, punham
Mais-que-perfeito simples: pusera, puseras, pusera, puséramos, puseram

Futuro simples: porei, porás, porá, poremos, porão
Condicional: poria, porias, poria, poríamos, poriam

Subjuntivo
Presente: ponha, ponhas, ponha, ponhamos, ponham
Imperfeito: pusesse, pusesses, pusesse, puséssemos, pusessem
Futuro: puser, puseres, puser, pusermos, puserem

Imperativo: põe/ponha, ponhamos, ponham
Infinitivo pessoal: pôr, pores, pôr, pormos, porem
Gerúndio: pondo
Particípio: posto

VERBOS EM *-IR* (3ª CONJUGAÇÃO)

IR

Indicativo
Presente: vou, vais, vai, vamos, vão
Perfeito: fui, foste, foi, fomos, foram
Imperfeito: ia, ias, ia, íamos, iam
Mais-que-perfeito simples: fora, foras, fora, fôramos, foram
Futuro simples: irei, irás, irá, iremos, irão
Condicional: iria, irias, iria, iríamos, iriam

Subjuntivo
Presente: vá, vás, vá, vamos, vão
Imperfeito: fosse, fosses, fosse, fôssemos, fossem
Futuro: for, fores, for, formos, forem

Imperativo: vai/vá, vamos, vão
Infinitivo pessoal: ir, ires, ir, irmos, irem
Gerúndio: indo
Particípio: ido

OUVIR

Indicativo
Presente: ouço, ouves, ouve, ouvimos, ouvem
Perfeito: ouvi, ouviste, ouviu, ouvimos, ouvem
Imperfeito: ouvia, ouvias, ouvia, ouvíamos, ouviam

Mais-que-perfeito simples: ouvira, ouviras, ouvira, ouvíramos, ouviram
Futuro simples: ouvirei, ouvirás, ouvirá, ouviremos, ouvirão
Condicional: ouviria, ouvirias, ouviria, ouviríamos, ouviriam

Subjuntivo
Presente: ouça, ouças, ouça, ouçamos, ouçam
Imperfeito: ouvisse, ouvisses, ouvisse, ouvíssemos, ouvissem
Futuro: ouvir, ouvires, ouvir, ouvirmos, ouvirem

Imperativo: ouve/ouça, ouçamos, ouçam
Infinitivo pessoal: ouvir, ouvires, ouvir, ouvirmos, ouvirem
Gerúndio: ouvindo
Particípio: ouvido

PEDIR → também **despedir, impedir**

Indicativo
Presente: peço, pedes, pede, pedimos, pedem
Perfeito: pedi, pediste, pediu, pedimos, pediram
Imperfeito: pedia, pedias, pedia, pedíamos, pediam
Mais-que-perfeito simples: pedira, pediras, pedira, pedíramos, pediram
Futuro simples: pedirei, pedirás, pedirá, pediremos, pedirão
Condicional: pediria, pedirias, pediria, pediríamos, pediriam

Subjuntivo
Presente: peça, peças, peça, peçamos, peçam
Imperfeito: pedisse, pedisses, pedisse, pedíssemos, pedissem
Futuro: pedir, pedires, pedir, pedirmos, pedirem

Imperativo: pede/peça, peçamos, peçam
Infinitivo pessoal: pedir, pedires, pedir, pedirmos, pedirem
Gerúndio: pedindo
Particípio: pedido

VIR

Indicativo
Presente: venho, vens, vem, vimos, vêm
Perfeito: vim, vieste, veio, viemos, vieram
Imperfeito: vinha, vinhas, vinha, vínhamos, vinham

Mais-que-perfeito simples: viera, vieras, viera, viéramos, vieram
Futuro simples: virei, virás, virá, viremos, virão
Condicional: viria, virias, viria, viríamos, viriam

Subjuntivo
Presente: venha, venhas, venha, venhamos, venham
Imperfeito: viesse, viesses, viesse, viéssemos, viessem
Futuro: vier, vieres, vier, viermos, vierem

Imperativo: vem/venha, venhamos, venham
Infinitivo pessoal: vir, vires, vir, virmos, virem
Gerúndio: vindo
Particípio: vindo

▸ MUDANÇAS EM FORMAS VERBAIS

Na forma escrita de alguns verbos, há mudanças na 1ª pessoa do presente do indicativo ou na 1ª pessoa do perfeito, nas pessoas do presente do subjuntivo e do imperativo.

(**1**) **Na escrita de** [s]:

C → Ç antes de **a, o:**

conhecer: conheço
conheça, conheças, conheça, conheçamos, conheçam
conhece/conheça, conheçamos, conheçam

descer: desço
desça, desças, desça, desçamos, desçam
desce/desça, desçamos, desçam

oferecer: ofereço
ofereça, ofereças, ofereça, ofereçamos, ofereçam
oferece/ofereça, ofereçamos, ofereçam

parecer: pareço
pareça, pareças, pareça, pareçamos, pareçam
parece/pareça, pareçamos, pareçam

Ç → C antes de **e:**

alcançar: alcancei
alcance, alcances, alcance, alcancemos, alcancem
alcança/alcance, alcancemos, alcancem

começar: comecei
comece, comeces, comece, comecemos, comecem
começa/comece, comecemos, comecem

(**2**) **Na escrita de** [ʒ]:

G → J antes de **a, o:**

agir: ajo
aja, ajas, aja, ajamos, ajam
age/aja, ajamos, ajam

fugir: fujo
fuja, fujas, fuja, fujamos, fujam
foge/fuja, fujamos, fujam

proteger: protejo
proteja, protejas, proteja, protejamos, protejam
protege/proteja, protejamos, protejam

(**3**) **Na escrita de** [k]:

C → QU antes de **e:**

atacar: ataquei
ataque, ataques, ataque, ataquemos, ataquem
ataca/ataque, ataquemos, ataquem

secar: sequei
seque, seques, seque, sequemos, sequem
seca/seque, sequem

(4) **Na escrita de** [g]:

GU → G antes de **a, o:**

distinguir: distingo
distinga, distingas, distinga, distingamos, distingam
distingue/distinga, distingamos, distingam

seguir: sigo
siga, sigas, siga, sigamos, sigam
segue/siga, sigamos, sigam
Assim também: **conseguir, perseguir, prosseguir**.

G → GU, antes de **e:**

brigar: briguei
brigue, brigues, brigue, briguemos, briguem
briga/brigue, briguemos, briguem

pagar: paguei
pague, pagues, pague, paguemos, paguem
paga/pague, paguemos, paguem

(5) **Mudança de *o* para *u***:

cobrir: cubro
cubra, cubras, cubra, cubramos, cubram
cobre/cubra, cubramos, cubram
Assim também: **descobrir, encobrir.**

dormir: durmo
durma, durmas, durma, durmamos, durmam
dorme/durma, durmamos, durmam

engolir: engulo
engula, engulas, engula, engulamos, engulam
engole/engula, engulamos, engulam

tossir: tusso
tussa, tussas, tussa, tussamos, tussam
tosse/tussa, tussamos, tussam

(6) **Mudança de *e* para *i*:**

mentir: minto
minta, mintas, minta, mintamos, mintam
mente/minta, mintamos, mintam

seguir: sigo
siga, sigas, siga, sigamos, sigam
segue/siga, sigamos, sigam

sentir: sinto
sinta, sintas, sinta, sintamos, sintam
sente/sinta, sintamos, sintam

servir: sirvo
sirva, sirvas, sirva, sirvamos, sirvam
serve/sirva, sirvamos, sirvam

vestir: visto
vista, vistas, vista, vistamos, vistam
veste/vista, vistamos, vistam

(7) **Mudança de *e* para *ei*:**

Verbos em **-ear** mudam de **e** para **ei** no presente do indicativo, no presente do subjuntivo e no imperativo, exceto na primeira pessoa do plural.

basear-se: baseio, baseias, baseia, baseamos, baseiam
baseie, baseies, baseie, baseemos, baseiem
baseia/baseie, baseemos, baseiem

bloquear: bloqueio, bloqueias, bloqueia, bloqueamos, bloqueiam
bloqueie, bloqueies, bloqueie, bloqueemos, bloqueiem
bloqueia/bloqueie, bloqueemos, bloqueiem

passear: passeio, passeias, passeia, passeamos, passeiam
passeie, passeies, passeie, passeemos, passeiem
passeia/passeie, passeemos, passeiem

pentear: penteio, penteias, penteia, penteamos, penteiam
penteie, penteies, penteie, penteemos, penteiem
penteia/penteie, penteemos, penteiem

Assim como: **chatear**, **homenagear**, **nomear**, **sacanear** etc.

ANEXO II

Colocações verbais

- Colocações são combinações de duas (ou três) palavras que acontecem com frequência numa língua. Geralmente são a primeira escolha de combinação que o falante nativo faz e, por isso, são tão importantes para o aprendiz. Quanto mais colocações típicas o aprendiz usar, mais próximo estará de um português brasileiro fluido e espontâneo.
- São diferentes os tipos de colocações em PB:
  - Verbo + (preposição) + substantivo/adjetivo:

    criar problemas, levar em consideração, entrar em vigor, morrer de vontade etc.

  - Verbo + advérbio:

    concordar plenamente, lamentar profundamente, mentir descaradamente, proibir terminantemente etc.

  - Substantivo + adjetivo/adjetivo + substantivo:

    hipótese remota, erro crasso, mera coincidência, plena convicção etc.

  - Adjetivo/particípio + advérbio: *profundamente magoado* etc.

▸ Neste anexo estão apenas algumas colocações verbais com substantivos.

▸ Os substantivos podem estar no singular ou no plural, com ou sem artigo. Escolhemos o uso mais comum em PB, mas pode haver outros.

▸ Sempre que possível, indicamos o sentido entre parênteses, com aspas simples: *tomar banho* ('banhar-se').

▸ O til (~) substitui o verbo; o que está entre colchetes [...] pode ocorrer ou não; a barra inclinada (/) indica mais uma possibilidade.

▸ Combinações com *ser* e *estar*, |☛ 3.9 - 3.11|.

COMETER

~ **um erro** ('errar')

— Preste bastante atenção na prova, pra você não *cometer nenhum erro.*

~ **um crime**

Se ele *cometeu um crime*, então deve pagar por isso.

~ **um engano** ('enganar-se')

— Eles se separaram, mas depois se deram conta de que *tinham cometido um engano.*

~ **uma injustiça** ('ser injusto com alguém')

Segundo o filósofo Sócrates, *cometer uma injustiça* é pior do que sofrer uma injustiça.

~ **uma gafe** ('fazer ou dizer alguma coisa errada, sem pensar')

O ministro *cometeu uma gafe* imperdoável em seu discurso sobre o meio ambiente.

DAR

~ [**um**] **tchau**/~ **adeus**

— Que mal-educado! Foi embora sem *dar tchau.*

~ **uma bronca** ('brigar com uma pessoa por algo errado que ela fez')

— Pare de fazer tanto barulho, senão sua mãe vai te *dar uma bronca*!

~ **apoio a** ('apoiar')

A empresa resolveu *dar apoio* financeiro e tecnológico *às* pesquisas na área de saúde.

~ **atenção a**

— A Marília foi morar mais perto dos pais para *dar atenção a* eles, que estão bem idosos.

~ **aula**[**s**]

— Eu gostaria de *dar aulas* de português pra surdos.

~ **conta de** ('conseguir')

Por falta de estrutura, algumas lanchonetes não *estão dando conta* de fazer *delivery*.

~ **um conselho** ('aconselhar')

— O médico me *deu um bom conselho*: começar uma atividade física.

~ **uma declaração** ('declarar, afirmar oralmente ou por escrito')

O ministro não quis *dar declarações* sobre por que deixou o governo.

~ **uma dica** ('dar uma informação útil, boa')

— Estou querendo trocar de computador, você pode me *dar uma dica* sobre onde comprar?

~ **ênfase** ('enfatizar')

Em sua entrevista coletiva, o governador *deu ênfase* às ações que pretende tomar sobre a defesa do meio ambiente.

~ **uma entrevista** ('entrevistar')

— A rádio da universidade perguntou se eu podia *dar uma entrevista* sobre o novo medicamento que estamos pesquisando.

~ **um exemplo**

— Você sabe *dar um exemplo* de filme que trata da imigração italiana no Brasil?

~ **uma explicação** ('explicar')

— Você pode me *dar uma explicação* rápida sobre o uso desse aplicativo?

~ **uma festa**

— Vamos *dar uma festa* de despedida pra Malu, que vai se aposentar, você quer participar?

~ **uma força** ('apoiar em algo') (*uso informal*)

— Preciso *dar uma força* pra minha irmã que acabou de se divorciar e está muito triste com isso.

~ **a impressão de [que]** ('parecer')

— Tomei um café ontem com a Regina e ela me *deu a impressão de* estar muito preocupada com a saúde do marido.

~ **uma informação**

— Por favor, você podia me *dar uma informação* sobre os horários desse ônibus?

~ **inveja a**

— O namorado novo da Rute é de *dar inveja a* qualquer galã de cinema!

~ **um jeito em + subst./de + verbo no infinitivo** ('ajeitar') (*uso informal*)

— Você precisa *dar um jeito na* janela da sala, está cada dia mais difícil de abrir!
— Estou tentando *dar um jeito de antecipar* minha consulta no dermatologista.

~ medo

— A montanha-russa desse parque é de *dar medo* até nos mais corajosos!

~ notícia

— A Andreia já *deu notícia* da saúde do pai dela?

~ opinião sobre

— Eu gostaria que você me *desse sua opinião sobre* a mudança de horário do funcionamento da loja.

~ preferência a/para

— Quando eu viajo de ônibus, sempre *dou preferência a* uma poltrona na janela, adoro ver a paisagem!

~ razão a/para

— Quando tem alguma discussão na família, eu sempre *dou razão pra* minha mãe, porque é a mais equilibrada de nós todos.

~ uma/a resposta ('responder')

— Eu já mandei um *email* de reclamação para o banco, mas ele até agora não me *deu uma resposta*!

~ risada ('rir bastante')

— Eu *dei muita risada* ontem vendo aquele filme espanhol!

~ trabalho

— Eu não tenho cachorro porque *dá muito trabalho*, prefiro ter um gato.

~ valor ('valorizar')

— Infelizmente, esse governo não *dá valor* ao patrimônio artístico do país.

~ uma volta (´passear')

— Vamos aproveitar o sol e *dar uma volta* pela cidade?

ENTRAR

~ em ação ('agir')

— Felizmente os bombeiros *entraram em ação* antes mesmo que o fogo se alastrasse para as casas vizinhas!

~ em contato com

Se você ainda tiver alguma dúvida sobre nossos produtos, *entre em contato conosco* por *email* ou por telefone.

~ na fila

— Eu vou *entrar na fila* pra garantir os nossos lugares enquanto você compra pipoca!

~ em greve ('começar uma greve')

Os professores da rede municipal *entraram em greve* hoje por melhores condições de trabalho.

FAZER

~ amigos

— Eu sempre fui muito tímida, por isso tenho dificuldade em *fazer novos amigos*.

~ uma análise de ('analisar')

— Só vamos tomar decisões depois de *fazer uma análise da* situação.

~ barulho

— Esse ventilador *faz muito barulho*, vamos ter que trocar por outro!

~ uma comparação ('comparar')

— Ainda preciso *fazer uma comparação* entre os dois carros antes de decidir qual comprar.

~ compras

— Sempre prefiro *fazer compras* no comércio perto de casa.

~ um curso de

— A Camila vai *fazer um curso de* especialização no Canadá.

~ uma escolha ('escolher')

— Preciso *fazer uma escolha* difícil entre continuar os estudos ou começar a trabalhar.

~ um esforço/esforços

— *Estou fazendo um grande esforço* para acompanhar o ritmo das aulas de inglês, mas tenho pouco tempo para estudar.

~ um exame

As mulheres grávidas *fazem um exame* de ultrassom para verificar o estado do bebê.

~ falta

— Tive que deixar de dar aulas particulares de francês, mas esse dinheiro *vai me fazer muita falta.*

~ um favor

— Você me *faria o favor* de trocar o cartucho da impressora?

~ fronteira com

O Brasil *faz fronteira com* a Guiana Francesa, o Suriname, a Guiana, a Venezuela, a Colômbia, o Peru, a Bolívia, o Paraguai, a Argentina e o Uruguai.

~ um gol

O Ronaldo *fez dois gols* e seu time foi campeão.

~ greve

Os motoristas de ônibus decidiram *fazer greve* a partir de segunda-feira.

~ **a inscrição** ('inscrever-se')

Quem *fizer a inscrição* até a primeira semana do curso terá desconto na mensalidade.

~ **justiça a**

O prêmio *fez justiça ao* excelente trabalho da diretora do filme.

~ **inveja a**

Essa jogadora de basquete tem uma carreira de vitórias de *fazer inveja a* qualquer um.

~ **um [bom/mau] negócio**

— Com o trânsito cada dia mais complicado, você *fez um bom negócio* quando vendeu o carro e passou a vir de metrô para o trabalho.

— Eu *fiz um mau negócio* quando vendi meu apartamento no início do ano. Hoje ele vale muito mais.

~ **o papel de**

— Quando eu tinha quinze anos, *fiz o papel de* Julieta numa peça de teatro do colégio!

~ **parte de** ('participar')

— Gostaríamos de *fazer parte do* grupo que vai definir as datas do concurso.

~ **uma pergunta** ('perguntar')

— Professora, eu queria *fazer uma pergunta.*

~ **uma pesquisa de/sobre** ('pesquisar')

— Boa tarde, *estamos fazendo uma pesquisa sobre* o uso de energia. A senhora teria uns minutinhos?

~ **silêncio**

— Por favor, peço que todos *façam silêncio* para ouvirmos o pronunciamento da senadora.

~ **sol/calor/frio**

— Que bom que *está fazendo sol*, a gente pode sair pra passear!
— Ontem à noite *fez muito frio*, dormi com dois cobertores!
— Eu morei algum tempo no Recife, lá *faz calor* o ano inteiro!

~ **questão de** ('insistir; ter interesse')

— Eu *faço questão de* te acompanhar na consulta, sei que você não gosta de ir ao médico sozinha.

~ **sentido** ('ser compreensível')

— Às vezes tem umas letras de música que não *fazem o menor sentido*!

~ **sexo**

É preciso incentivar as pessoas a *fazer sexo* com segurança e responsabilidade.

~ sucesso

Muitos seriados espanhóis *fazem sucesso* hoje no Brasil.

~ um teste

Nos cursos de idiomas, o aluno deve primeiro *fazer um teste* de nivelamento.

~ uso de ('usar')

A paciente fez uso de medicamentos contra alergia por muitos anos.

LEVAR

~ uma bronca [de]

— Algumas crianças estavam gritando no pátio da escola e *levaram uma bronca da* diretora.

~ em conta/~ em consideração

O governo se comprometeu a *levar em conta* as necessidades das pessoas mais pobres nas políticas de saúde.

~ tempo

— Eu *levei um bom tempo* para aprender a escrever bem em francês.

MARCAR

~ a data

— Vocês já *marcaram a data* do casamento?

~ um encontro

— Vamos *marcar um encontro* pra você conhecer os meus pais?

~ um gol (ou *fazer um gol*)

— Quantos *gols* o Pelé *marcou* durante toda a carreira?

~ presença

— Eu faço questão de *marcar presença* no seu aniversário!

MATAR

~ a curiosidade (*satisfazer a curiosidade*; mais formal)

— Eu sempre quis conhecer o marido da Nádia, ontem finalmente *matei essa curiosidade*.

~ a fome (*saciar a fome*; mais formal)

— Esse sanduíche já vai dar pra eu *matar a fome*, mais tarde eu almoço.

~ a sede (*saciar a sede*; mais formal)

— Essa garrafinha de água mal vai dar pra *matar a minha sede*!

~ a saudade

— Minha filha mora longe, mas a gente se fala toda semana pra *matar um pouco a saudade*.

PEGAR

~ o avião

— Já estou de saída, tenho que *pegar um avião* daqui a duas horas.

~ o ônibus

— Vou deixar pra *pegar o próximo ônibus*, esse aqui tá muito cheio.

~ o metrô

— Para caminhar pelo centro de São Paulo, vale a pena *pegar o metrô* porque é mais rápido e seguro.

PEDIR

~ demissão de

O ministro da Saúde *pediu demissão* por não concordar com a política de vacinação do governo.

~ desculpa(s) [**a/para**] ('desculpar-se')

— Eu vou *pedir desculpas pro* seu irmão, pois acho eu ele ficou chateado.

~ um favor

— Rafael, posso te *pedir um favor*? Me ajuda a carregar essa mesa?

~ licença

— Desculpe interromper, mas eu gostaria de *pedir licença* pra falar.

PRESTAR

~ atenção em

— Ontem eu estava tão cansado que não consegui *prestar atenção na* aula.

~ conta[s] de

— Para receber o reembolso, você tem de *prestar conta de* todos os gastos que teve durante a viagem.

~ [**uma**] **homenagem a** ('homenagear') (*mais formal*)

— Vamos fazer uma cerimônia pra *prestar homenagem* a todos os ex-presidentes do nosso clube.

~ serviço

— Faz muito tempo que a nossa empresa de informática *presta serviço* a essa universidade.

~ socorro ('socorrer')

Os bombeiros tiveram de *prestar socorro* a várias pessoas que ainda estavam dentro do prédio quando o incêndio começou.

PUXAR

~ **conversa** ('começar uma conversa')

— Ontem tentei *puxar conversa* com a Simone, mas ela não quis falar muito.

TIRAR

~ **uma conclusão** ('concluir')

Graças às nossas pesquisas, pudemos *tirar muitas conclusões* importantes para a conservação dos nossos rios.

~ **uma dúvida sobre**

— Boa tarde, você poderia me tirar *uma dúvida sobre* as formas de pagamento da loja?

~ **uma foto de** ('fotografar')

— *Tire uma foto do* vestido que você quer comprar e me mande pelo celular.

~ **uma nota boa/alta/ruim/baixa**

— Acho que vou *tirar uma nota boa* na prova de espanhol.

TOCAR

~ **no assunto** ('mencionar')

— Ontem eu perguntei pra Marli por que ela pediu demissão, mas ela disse que não queria *tocar no assunto.*

TOMAR

~ **uma atitude** ('agir')

— Eu gosto da Maria porque, diante dos problemas, ela sempre sabe *tomar uma atitude* equilibrada.

~ **banho** ('banhar-se')

— Eu sempre *tomo banho* de manhã logo depois de acordar.

~ **conhecimento de** ('ser informado, informar-se')

O governador declarou que já *tomou conhecimento das* exigências feitas pelo sindicato dos professores e que em breve vai dar uma resposta a elas.

~ **conta de** ('cuidar')

— Sempre que preciso sair, eu peço à minha mãe que *tome conta das* crianças.

~ **coragem** ('ter coragem')

— Finalmente o Paulo *tomou coragem* e pediu o divórcio pra Juliana.

~ **cuidado com** ('ter cuidado')

— A gente precisa *tomar muito cuidado com* o que lê na internet, porque nem sempre a fonte é confiável.

~ **uma decisão** ('decidir')

— Preciso *tomar uma decisão* sobre em que escola matricular o Gabriel, antes que acabem as vagas.

~ **partido** ('ser a favor de')

— A ideia de neutralidade política é falsa, nós sempre *tomamos partido* por alguma causa.

~ **um porre** ('ficar bêbado, embriagar-se')

– *Tomei um porre* ontem e hoje eu estou com uma ressaca daquelas.
(ressaca: 'mal-estar por causa do consumo excessivo de bebida alcoólica')

~ **providências** ('providenciar')

Os manifestantes exigiam que o governador *tomasse providências* imediatas sobre a falta de medicamentos nos hospitais.

~ **um remédio**

— Preciso *tomar um remédio* contra essa dor de estômago que estou sentindo desde cedo.

~ **sol**

Tomar sol de manhã cedo dá energia para passar bem o resto do dia.

~ [a] **vacina** ('vacinar-se')

Todo ano é preciso *tomar a vacina* contra a gripe, especialmente as pessoas idosas.

Bibliografia

ABAURRE, M. B. (org.) (2013). *Gramática do português culto falado no Brasil*. Vol. VII: A construção fonológica da palavra. São Paulo: Contexto/Fapesp.
AULETE, C. (2011). *Novíssimo Aulete dicionário contemporâneo da língua portuguesa*. Rio de Janeiro: Lexikon.
AZEREDO, J. C. de (2021). *Gramática Houaiss da língua portuguesa*. São Paulo: Parábola Editorial.
BAGNO, M. (org.) (2001). *Norma linguística*. São Paulo: Edições Loyola.
BAGNO, M. (2002). *Linguística da norma*. São Paulo: Edições Loyola.
BAGNO, M. (2007). *Nada na língua é por acaso: por uma pedagogia da variação linguística*. São Paulo: Parábola Editorial.
BAGNO, M. (2012). *Gramática pedagógica do português brasileiro*. São Paulo: Parábola Editorial.
BARNBROOK, J. *et al.* (2013) Collocations: Applications and Implications. New York: Palgrave Macmillan
BECHARA, E. (1999). *Moderna gramática portuguesa*. 39ª ed. Rio de Janeiro: YHL.
BORBA, F. S. (2002). *Dicionário de usos do português do Brasil*. São Paulo: Ática.
BORBA, F. S. (org.) (1990). *Dicionário gramatical de verbos do português contemporâneo do Brasil*. São Paulo: Unesp.

CARVALHO, O. L. S. (2001). Variação linguística e ensino: uma análise dos livros didáticos de português como segunda língua, in: BAGNO, M. (org.) *Norma linguística*. São Paulo: Edições Loyola.

CARVALHO, O. L. S.; BAGNO, M. (2015). *Gramática brasileña para hablantes de español*. São Paulo; Parábola.

CARVALHO, O. L. S. (2017). Colocações e português brasileiro como língua estrangeira, in: SILVA, Francisca Cordelia Oliveira da. (org.). *Diálogos em português brasileiro como língua adicional*. Brasília: Universidade Aberta do Brasil, UAB, UnB.

CARVALHO, O. L. S.; BAGNO, M. (2017). Variação linguística e ensino: *nós* e *a gente* em livros didáticos de Português Brasileiro como Língua Estrangeira. Estudios portugueses y brasileños, 15. Salamanca: Luso-Española de Ediciones.

CASTILHO, A. T. (2010). *Nova gramática do português brasileiro*. São Paulo: Contexto.

CRISTÓFARO SILVA, T. (1999). *Fonética e fonologia do português*. São Paulo: Contexto.

CRISTÓFARO SILVA, T. (2011). *Dicionário de fonética e fonologia*. São Paulo: Contexto.

CUNHA, C.; LINDLEY CINTRA, L. F. (2008). *Nova gramática do português contemporâneo*. Rio de Janeiro: Lexikon.

DIETRICH, W.; NOLL, V. (orgs.) (2004). *O português do Brasil: perspectivas da pesquisa atual*. Madrid/Frankfurt: Iberoamericana/Vervuert.

DUARTE, M. E. L. (1999). Clítico acusativo, pronome lexical e categoria vazia no português do Brasil. *In*: TARALLO, F. (org.). *Fotografias sociolinguísticas*. Campinas: Pontes/Unicamp.

FARACO, C. A. (2005). *Norma culta brasileira: desatando alguns nós*. São Paulo: Parábola Editorial.

FARACO, C. A. (2016). *História sociopolítica da língua portuguesa*. São Paulo: Parábola Editorial

FERREIRA, A. B. H. (2011). *Dicionário da língua portuguesa*. Curitiba: Positivo.

GALVES, C. (2001). *Ensaios sobre as gramáticas do português*. Campinas: Unicamp.

HOUAISS, A. (2001). *Dicionário Houaiss da língua portuguesa*. São Paulo: Objetiva.

HUBART, A. P. *et al*. *Gramática básica do português brasileiro*. Barcelona: Difusión, 2018.

ILARI, R. (1997). *A expressão do tempo em português*. São Paulo: Contexto.

ILARI, R. (2001). *Introdução à semântica: brincando com a gramática*. São Paulo: Contexto.

ILARI, R. (org.) (2014). *Gramática do português culto falado no Brasil*. Vol. III: Palavras de classe aberta. São Paulo: Contexto/Fapesp.

ILARI, R. (org.) (2021). *Gramática do português culto falado no Brasil*. Vol. IV: Palavras de classe fechada. São Paulo: Contexto/Fapesp.

ILARI, R.; BASSO, R. (2006). *O português da gente: a língua que estudamos, a língua que falamos*. São Paulo: Contexto.

JUBRAN, C. S. (org.) (2020). *Gramática do português culto falado no Brasil*. Vol. I: A construção do texto falado. São Paulo: Contexto/Fapesp.

KATO, M. A.; NASCIMENTO, M. (orgs.). (2017). *Gramática do português culto falado no Brasil*. Vol. II: A construção da sentença. São Paulo: Contexto/Fapesp.

LUFT, C. P. (2010). *Dicionário prático de regência nominal*. São Paulo: Ática.

LUFT, C. P. (2010). *Dicionário prático de regência verbal*. São Paulo: Ática.

MARTINS, M. A.; ABRAÇADO, J. (2015). *Mapeamento sociolinguístico do português brasileiro*. São Paulo: Contexto.

MIRANDA, N. S.; SALOMÃO, M. M. (orgs.) (2009). *Construções do português do Brasil — da gramática ao discurso*. Belo Horizonte: Editora UFMG.

NEVES, M. H. M. (2001). *Gramática de usos do português*. São Paulo: Unesp.

NEVES, M. H. M. (2003). *Guia de uso do português: confrontando regras e usos*. São Paulo: Unesp.

NEVES, M. H. M. (2018) *A gramática do português revelada em textos*. São Paulo: Unesp.

NEVES, M. H. M. (org.) (2020). *Gramática do português culto falado no Brasil*. Vol. V: A construção das orações complexas. São Paulo: Contexto/Fapesp.

PERINI, M. A. (2002). *Modern Portuguese: A Reference Grammar*. New Haven/Londres: Yale University Press.

PERINI, M. A. (2016). *Gramática descritiva do português brasileiro*. Petrópolis: Vozes.

PONTES, E. (1987). *O tópico no português do Brasil*. Campinas: Pontes.

RODRIGUES, A.; ALVES, I. M. (org.) (2015). *Gramática do português culto falado no Brasil*. Vol. VI: A construção morfológica da palavra. São Paulo: Contexto/Fapesp.

RODRIGUES, D. M. G. *et al.* (1992). *Brazilian Portuguese: Your Questions Answered*. Campinas: Editora da Unicamp.

RONCARATI, C.; ABRAÇADO, J. (2003). *Português brasileiro: contato linguístico, heterogeneidade e história*. Rio de Janeiro: Faperj/7Letras.

ROSA, M. C. (2000). *Introdução à morfologia*. São Paulo: Contexto.

SOUZA, R. A. (2021). *Segunda língua: aquisição e conhecimento*. São Paulo: Parábola Editorial.

TAGNIN, S. E. O. (2013). *O jeito que a gente diz: combinações consagradas em inglês e português*. Barueri: Disal.

TARALLO, F. (org.) (1999). *Fotografias sociolinguísticas*. Campinas: Pontes/Unicamp.

VOLP, disponível em: https://www.academia.org.br/nossa-lingua/busca-no-vocabulario; acesso em: 21 dez. 2022.

Esta obra foi composta em Cambria 11/15
e impressa em papel off set 75g
para a **Parábola Editorial** em agosto de 2024.

Impressão e acabamento:
Gráfica Paym